JN321695

ふだん着のデザイナー

桑沢洋子

装幀　浅葉克己
写真　鈴木　薫

私のデザイン

久留米絣の街着（昭和29年春）

藍手織木綿のモンペ セパレーツ（昭和29年秋）

右上・既製服、紺デニムの家庭着（昭和29年秋）
左上・リバーシブルのジャケット（昭和30年春）
右下・白のハッピとモンペ（ユーゼン・ショウ出品、昭和29年秋）
左下・ビニロン展出品のスーツ《テキスタル・デザイン柳悦孝氏》（昭和31年春）

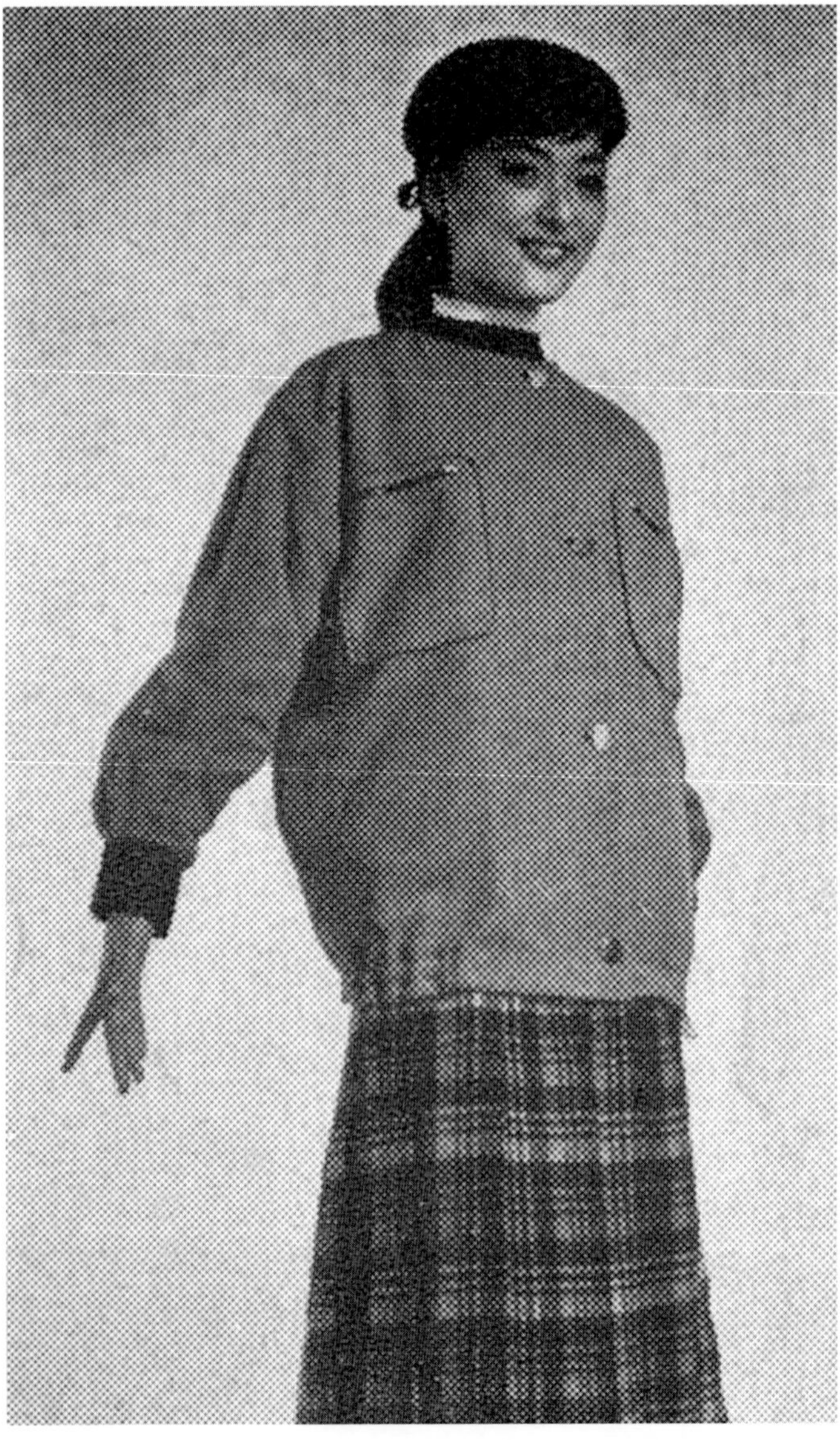

既製服、リバーシブルのジャンパー（昭和31年秋）

右上・オートバイ工場の男女作業着（昭和31年秋）
左上・ビニロン デニムのアノラック（昭和31年秋）
右下・一枚仕立のジャンパー（昭和31年春）
左下・縞のシャツとフード（昭和31年秋）

私のアルバム

自画像（昭和７年）

右上・私の姉妹たち（小学校五年頃）
左上・女学校二年の頃
下・女子美卒業の頃

右上・疎開地で
左上・妹（雪子）と旅行に（昭和30年春）
下・渋谷の雑沓で（昭和28年秋）

ふだん着のデザイナー

桑沢洋子　著

桑沢文庫　1

口絵写真　田村茂
カット　宮内裕

目次

女だけのくらし

寅年の母

父母の生活は、明治の中頃、神田の和泉町のラシャ問屋街から始まった。商売は、新古を含めた洋服問屋である。神田須田町から岩本町の神田川の川っぷちで、その頃、鉄道馬車が、通っていたという、土手の洋服屋の一つであった。洋服といってももちろん女ものでなく、男物でも、本当の洋服を着る人は少なかった時代だから、とんび（和服用インバネス）角袖（和服用の外套）もじり（筒袖の和服用外套）などで、ラシャで作った和服の上にきる外套類の既製服屋であり、同種類の古着屋であった。

その商売の中で、母は、数人の雇人のリーダー役をつとめながら、六人の娘を育ててきた。私は、六人のうちの五番目であるから、私の記憶に残っている母は、その後引越した、松枝町の電車通りの店の頃からで、ちょうど大正七、八年頃、私の小学校時代である。

父と母は十二ちがいの同じ寅年という、二人とも非常に強い性格の持主であった。父のことは、あとで書くが、やせて、背が高く眼がぎょろぎょろしていて、第一印象は鷹《たか》のように精悍な感じであった。無口で、日常はおだやかなのだが、こうと思ったら何ごとも実行してしまう父を、母はいつも頑固でこまるとこぼしていた。

母は、背は低いが、姿勢がよくて、目鼻だちが大きく、立派な顔立ちをしていた。母の顔には、意志の強さと曲ったことの嫌いな正義観がただよっていた。性格が強いといっても、今いういわゆる恐妻型ではなく、だまって、着々と仕事をかたづけていく、といった風であった。

子供のおおい食事は賑やかである。とくに放課後、外に飛び出して家によりつかない娘たちには、夕食は家族との団欒の時であり、学校の出来ごとや、友だちの報告にいそがしく、それぞれ大いにしゃべる。父は、食事時は、手を身体からなるべく離さないようにつつましくきちんと坐って、だまって食べろ、という。母は、胸を張って堂々とした姿勢で、大いに談笑しながら、たのしく食べろ、という。いいかえれば、父は女らしくつつましく、というし、母は、明るく堂々という。私たちは、いつもこの意見の対立をききながら、しかも、なんらこだわることなく、自分たちの自由意志で食事をすすめたが、どうも結果は、大体母の意見によっていたようだ。

長火鉢を前にして、父母たちは、どがま（やわらかい上質の炭）とかた炭の意見の衝突がはじまることもしばしばであった。父はかた炭をかんかん景気よくおこせ、というし、母はどがまを深くいけ込んでおいて必要に応じてかた炭をまぜて使う方が経済である、という。

長女の縁談の時と、四女の養女の問題のおきた時の母はますます強かった。長女が女学校を卒業した時、長野県の遠い親戚のある青年を父が大変気に入って、長女を嫁にやる約束をしてきた。

先方では早速上京して姉に会いにくるというところまで話がきてしまった。母の意志はもちろん、本人の意志もただささないうちのできごとであるし、どう考えても無理な縁談であると考えた母は、ひそかに長女を豊島町の叔父の家にかくしてしまった。

また、四女を、同じ長野の親戚の養女にやる約束を父がした時である。母は、六人の大勢の娘ではあるが、自分が生んだ以上は母として完全に育ててゆく義務がある。意志表示のはっきり持てない幼ない頃の養女云々は、必らず娘が大きくなった時に、親がうらまれるし、第一、平等な育て方ではない、どんなことがあろうと六人の娘はけっして私の手から離さない、と宣言したのである。

母は、いつも大ぜいの家族の中で、各人に対して、すべて公平な温かい態度で接してくれた。たとえば、娘も雇人も、一家中まったく同じ食事であり、おやつであったし、また、姉は姉らしく、妹は、妹らしいきものの着せ方であった。また、桑沢家らしい外部に対する社交態度も、新しい母らしい解釈で徹底していた。

山の手の大塚の家（あとの項でのべる）で、尿毒症でたおれ、意識不明になった母は、急いでかけつけた次女の顔をみるなり、うわごとのように「あの茶ダンスの中におすしがとってあるよ」といった。娘の、仕事や学校の帰りを待って、おやつを姉妹に分配する温かい習慣が、意識不明の母の口からでた瞬間、私たちは泣いた。このように母の教訓は、けっして高びしゃではないし、意識的ではない。具体的に、日常の衣食住のくらしの中で、あたりまえの形で示されたのである。

姉妹に母が着せてくれたきもののことを考えてみると、簡単にいえば、スポーティーな感覚のものだった。

その頃（大正九年から十年頃）の下町娘たちは、必ず長唄や琴の稽古ごとをさせられた。であるから、ふだん着といっては、黒衿をかけて前掛けをしめ、帯は、お七帯(赤いかのこの土台に、黒繻子《じゅす》の配色の帯)であったし、髪は日本髪か束髪であった。そして、必らず「おひきぞめ」「おさらい」という芸事に附随した社交的な面があった。であるから、そうした場所にきる、いわゆるドレッシィーな、派手ばでしいきものも必要であった。

母は、娘たちには、お稽古ごとはさせるが、華やかな社交的なおつきあいがきらいだったようで、できるだけ、おつきあい式のものはさけていたようだ。しかし、私のその頃の記憶では、たった一度だけ、素晴しい、しかも、けっして派手ばでしくない友禅のふり袖を、三女の姉の琴のおさらいに着せたのをおぼえている。

母は、リューマチで足をわずらっていた三女の将来のことを考えて、ほかの姉妹以上に芸事をさせていた、つまり、ゆくゆくは、芸事で身を立てさせたい、という考えであったらしい。そうしたところから、三女だけは、おさらいの機会があり、母らしい角度で晴着を作って着せたようだった。私が記憶しているのは三女の琴のおさらいの時のきものであった。その晴着は、黒地にカラコ人形が染めだされた友禅の振袖であった。私たち子供がみたところでも、その柄ゆきといい色調といい、そのあたりの娘さんが着ているきものとはまったく異った、落ちつきと気品と、そして、スポーティーな気分のものだった。

なお、母は、娘の髪を結い上げるのもなかなか上手だった。その時の三女の髪も、母が結い上げたもので、みずみずしい日本髪で娘らしいふっくらした上品な桃割れであった。

考えてみると、母が娘たちに着せてくれたきものの中で、この時の友禅が一番ドレッシィーなきものであったといえる。この他、母の好む一番のよそゆきは、お召しの絣模様であった。次女がよく似合って着ていた、古代紫に、黄緑と白の大きな絣のお召しのきものなど思いだす。

つぎに、ちょいちょい着、つまり、ちょっとした外出着には、米流《よねりゅう》かめいせんが着せられた。とくに母の好むものは、姉妹おそろいの着物、またおついのきもの（着物と羽織と同じ柄でつくる）また、短かい袖などであった。

短かい袖で思いだすのは、私の小学校から女学校にかけての式に着るきものが、黒木綿の紋つきであった。その当時、クラスメートの着ている紋つきは、黒木綿の長袖で、たもとの先に、松竹梅など、お目でたい模様が染めだされていた。母は、おそらくその模様が気に入らないので、切ってしまって、元禄袖にしてくれたのだろうと思う。

なお、下の娘たち三人が得意になって喜んで着た、おそろいの着物を思いだす。四女が女学校一年、私が小学校五年、妹が小学校一年の大正十三年の秋である。それは三人のよそゆきに新調してくれためいせんの袷《あわせ》である。色はブルウがかったグリーンが土台で、白と、茶の絣模様であった。それに三人ともエビ茶の袴をはいて、白ピケの帽子をかぶって、茶の靴をはいたものである。

その当時、子供の着物というとめりんす（モスリン）が流行していた。母は、赤や黄の派手なめりんすは、せいぜい小学校一年位までしか着せなかった。もちろん、それは表着の場合で、帯とか長襦袢には、年頃になっても、よくめりんすをつかった。女学校の三年頃、めりんすの長襦袢をきせられていたが、姉たちの緋の友禅の長襦袢をみて、私も着たいなあ、と心に思った。母は、緋の長襦袢は、女学校を卒業したら着せますよ、といっていた。年代によるきもののきせ方もちゃんと母は心得ていたといえる。

明治から大正にかけての女の立場は、現在とまったく違って、意志表示も不可能で、すべて家長にしたがった時代である。

母はその点ちがっていた。自分が正しいと信じると正しいことは正しいとして、父といいあらそってまで、ゆずらなかった。

私たち娘は、大いに母から学んだのである。女は弱いものである、ということでなく、女も男も同等に、正しく生きるということを、深く母が教えてくれたのである。また、きものに対する感覚、そして着せ方を考えてみると、はっきりといえることは、けっして貴族趣味でなく、庶民的なしかも、気品のある、合理的なものであったのだ。

この母のもっているきものに対する思想、感覚が、あとあと、私たちの姉妹に根づよく植えつけられたと、はっきりいえるのではなかろうか。

江戸ッ子の父

父の最も活躍した頃の私は、幼ない子供であったし、父の仕事ぶりなど知るわけはないのである。しかし、姉たちの話では、父は仕事仲間では、変りもので、しかも、人気者でもあったらしい。屋号は「中賢」といい、「中賢の品は生きている」といわれて、よく売れたそうである。

父の好んできた冬のきものは、紺サージの着物と羽織で、それにメルトンの前掛けをしていた。出掛ける時は、かわうその皮のついたとんびを着て、人力車で出掛けることがおおかった。私たちは、七五三のお祝いとか、病気で医者にゆく時だけ人力車に乗れたのをおぼえている。私の記憶では、その頃（大正十年頃）に、松枝町の電車通りを自家用車で通るのは、市村座にゆく五代目菊五郎位であった。そして菊五郎が通ると、そろそろ四時になるかなあ……といったものであった。

父はよく酒を好んでのんだ。夕食を家で食べる時の晩酌の肴は、すじこ、やまといも、うなぎのきも、いかのしおから、などで、娘たちにその肴を食べろ食べろとすすめ、食べないと自分のはしで子供の口に入れてくれる。また私たちの手のひらの上に、さけの子をのせてくれたりした。赤い小さなさけの子を、一つぶずつ舌の上でつぶしながら遊んだことを思いだす。

父は外でのんでくると必らず大変なご酩酊である。私は店の大戸がしまって、くぐり戸から土間によろめいて入ってくる父をときどきみかけた。商売が順調にゆくと一家中にふるまう習慣があり、時々私たちを料理やへ連れて行ってくれた。

父のあら療治は有名である。冬、娘たちが外で遊んできて手を真赤にして帰ってくる。父は手がひびやしもやけにならないようにと、夕方私たちの帰りを待って、火鉢に洗面器をのせてお湯を入れ、帰ってきた子供の一人一人の手をとって、その中に入れさせる。そして手拭でごしごしこすってくれる。私たちは、それがたまらなくいやなので、なんとか逃げ出そうとするが、なかなか承知しない。ひりひりするが、あとでひび薬をつけてもらうとさっぱりして気持がよかった。

また父は、子供が下痢をすると、新聞紙に日本がらしをといて塗り、内側にねるの腰巻をあてて、お腹から腰にからしの湿布をさせる。父が自分で下痢した時などは、からしの腰風呂に入る。なかなかの荒療治ではあるが、あたたまることうけあいで、ちょっとした下痢は一日でなおってしまう。

ある時雇人が背中に大きなはれものを作って苦しんでいた。いろいろ薬をつけてもなかなかふっ切れないので困っていた。父が夜帰ってきて、なおしてやる、といって痛がるのをぐんぐんおしてうみをだしてしまった。そのおかげであくる日はけろりとなおってしまった。

大正八年頃父は店を松枝町に移した。引越すと、早速店の屋号を「日本一印」と変えた。これには母も驚いて、みっともないからやめて下さいといったが、ついにききいれないで看板を新しくした。その看板は、直径一間半位もあろうという円型で、真赤の地色に白ぬきで、「日本一印」と大きくかいたものである。しかもそれを軒に平行にかけずに、突出したのである。二三カ月程たつと、警察が、突出しては道路使用法に違犯になるからと言ってきたりした。

屋号が「日本一印」となってから姉たちがさわぎだした。その頃ちょうど二十才から十七、八才の年頃の姉たちである。お稽古や買物のゆき帰りに、近所の若衆が、「あれは日本一の娘だよ」とささやくのだそうだ。姉たちはその度に顔から火が出るように気まりが悪い、という。そして、だからお父さんはいやだといっていた。

当時子供だった末の方の私たちや、御本尊の父はいっこうに平気であったが、どうも一番被害があったのは姉たちらしかった。

川向うの少女

　私の小学校は、今はすでにないが、岩本町の交叉点の和泉橋のたもとにあった和泉小学校といった。神田川の川っぷちなので、おわい船にすんでいる子供たちも通って来た。二年生までは男女共学であった。クラスメートの一人におとなしい男の子供がいた。船頭の子供だったが、どうも覇気がない。

　私たちは船が面白くて、いつも学校の窓から眺めた。船の中の生活が手にとるようにみえた。船底の座敷で親子四人が仲むつまじく食事をしている風景、母親が昼ごはんの仕度をするために舟べりで七輪に火をおこしている。そのわきによちよち歩きの小さい子供が遊んでいる。母親は平気だが、今にも川に落ちそうで上からみていてはらはらする。川の水は汚いが、その水で菜っ葉を洗っている。仕上げに樽の中の清水をちょっとふりかけるだけだ。川しもでこんな風に野菜を洗っているのに、川かみでは船べりでおしりをまくって用をたしている。どう考えても不思議でたまらなかった。

　こんな生活の中の子供が、街に家のある子供と一緒に勉強しているということから、この船頭の子供はいつもひかえめであり、弱かったのだろうか。この子供は、たまたま学校を休む、多分船が海の沖にでて帰れなかったのだろうか。彼が休むと気にかかってしかたがなかった。休みがおおいせいか、その子は学校の成績も思わしくなかった。

この船頭の子が、ある日教室の中で喧嘩をした。喧嘩相手は、クラスで一番あばれん坊といわれている女の子である。弱い男の子がしかも強い女の子と喧嘩している、というので、クラスメートの興味がわいた。喧嘩の原因はしらないが、ともかく彼がこの時ぐらいいさましかったことはなかった。そしてよくたたかったが、女とはいえ強い評判の彼女とはごぶごぶだった。とっくみ合いがしばらく続いて、たまたま教室の隅のオルガンの下に二人の身体が入ってしまった。あっという間にオルガンがたおれて、けがはなかったがオルガンがこわれた。

二人は、次の時間中教室の隅にたたされた。

さて、この喧嘩相手のいさましい彼女は、その二年生の頃は女のいじめっ子というだけで、あまり私の印象に残らなかったが、四年生になり五年生になる頃にやっと彼女がどういう娘であるかわかってきた。彼女の家は、何の商売だかしらないが、川むこうの倉庫のある家の娘であった。彼女は遅刻の常習犯だった。髪はいつも雀の巣のようにじゃんじゃら髪で、着ている着物の袖つけはちぎれるばかりにほころびていた。やさしかった小池先生という女の担任教師が「どうしてあなたは髪をとかさないのですか、針も使えるでしょうし、袖のほころびを縫ったらどうなの」

といいながら、彼女を洗面所に連れていって髪をとかしてやっている風景をたまたまみた。

そうした時の彼女の態度は、まったくふてくされている。一カ所をみつめているだけで、先生にもなにも答えない。大体、授業の終るしらせの鐘がなると、彼女の顔が急にほころびてくる、そして運動場にいちもくさんに走る。また、運動場の隅の壁に一人寂しくもたれて泣いている彼女をみたことがある。彼女の頰からは大きな涙がぽろぽろと流れている。みんながよってきてなぐさめようとしても顔をおおおうとしない、まったくの手離しで泣く彼女の顔を、私は不思議そうにながめた。私だったらあんな泣き方はしないし、第一できない、と思ったからである。

その後、彼女が放課後、彼女の弟をおぶって、神田キネマの映画の看板を見入っている姿を私もみたし、みんなもみた、といっていた。神田キネマは、今の神田駅のすぐ近くにあった洋画のかかる映画館だった。

五年生の終り頃だったと思う。私はクラスメートの二人と神田キネマに入った。放課後道くさをくって看板をみているうちに入りたくなったので、いそいで道具を家になげ込んで、でかけたのだった。かかっていたのは、「ローレライ」という歌にもなっている有名な伝説物であった。美しい人魚のような外人が岩の上にたたずんだり、泳いだり、そして泣いたりする。私は洋画をみたのはこれが初めてだったし、ただ筋もなにもわからずに、恍惚として映画館を出た。その時の大写しの泣いている顔、ポロポロ大きな涙を流している顔のカットをみた時、はっとした。川むこうの彼女のいつかの涙のシーンだった。そして、ああこれだなあ、と思ったのである。

もちろん私たち三人は、そのあくる日家庭でもまた、担任の小池先生からもしかられた。だまって子供たちだけで映画をみるなんて、大正十年頃の事情から考えると、大事件だったからである。

川むこうの彼女は六年生の終り頃には急に美しくなった。それは私だけが感じたのかもしれないが、彼女の強くて日本人離れした顔、とくに姿態はみるみる美しくなった。しかし、着ているきものや髪型は、いぜんとしてもとのままであった。私は放課後、よく川むこうの彼女の家の近くへ遊びにゆくようになった。その頃私は縄飛びの名人だった。そして彼女も縄飛びが得意だったし、よい試合相手だったからだ。その頃の縄飛びのしかたは、左右で縄を張って、だんだん高さを高くして飛びこえる、終りには、地面に手をついて足で縄をこして飛ぶ方法だった。和服をきてさかだちになるわけだが、感心にみんなズロースははいていた。彼女の気性は非常にさっぱりしていた。たくましくてスポーティーな彼女の姿勢とともに、私はだんだん彼女が好きになった。

小学校を卒業して数年後、彼女の消息を彼女の妹からきいた。彼女は高等を中退して、横浜のある料理屋へ養女にいった、とのことであった。妹がもっていた彼女の水着を着て海辺に立っている写真をみた。なんと彼女の姿態は素晴しかったことか、私は急に会いたくなった。あとで知ったのだが、その料理屋は外人相手のチャブ屋であったようだし、その後、彼女が神田のカフェーに進出してきたという噂もきいた。そして、ナジモバというヴァンプ役の女優に似ているという評判だということもきいた。

大正のデザイナー・姉

私は、外の遊戯、縄飛びとか、デッドボールとか、陣とりとか、馬飛びとか、マラソンにいたるまで、大げさにいえば、すべて選手に近い腕をもっていた。好きでもあった。そして近所では、女のがき大将だった。このがき大将は無口だが、近所のボス的存在だった男のがき大将が大見得をきって弱いものいじめをする時などは、正義観を出してたたかった。

遊ぶ場所は、最も近いところでは家の前の電車通りだった。その頃の電車通りを通る乗り物は、トラックは馬車だったし、乗用車は人力車だったし、一番スピードのある乗物は、水天宮から千住を走る電車であった。

松枝町も、ラシャ問屋あり、呉服問屋ありというので、十代の小僧さんたちがおおい。これらの小僧さんや小さい若旦那たちが、クラスメート以外の私の友だちだったことはいうまでもなく、よく彼らと陣とりをして喧嘩したり、彼らと一緒に電車と競走したものだ。

真夏の夕涼みには、この小僧さんも若旦那も一緒にマラソンをする。このマラソンに、すぐ上の姉と私が加わった。ランニング・シャツに短かいパンツ、そしておさげの髪に鉢巻といういでたちだ。走る目的地は、日比谷公園、上野公園、浅草橋公園という具合で、かなり遠征をしたものだ。これが私の五年生の大正十年頃で、走っていると、「女のマラソンだ」と子供にさわがれたが、御本人たちはいっこう平気だった。

遠征といえば、よく遊びにいった場所は、お茶の水橋の川辺だった。その頃は柵もないし谷間のような川っぷちに下りてゆけた。春はタンポポやすみれが咲いていた。

この頃から小学校の図画教育は洋画風になり、王様クレヨンが盛んにつかわれはじめた。図画のお手本によって、そのとおりに、しかも日本画風に鉛筆や淡彩でかかせた方法とはまったく大きな違いであり、新しい教育方針にきり変ったわけだ。学校の窓から神田川を、また、クラスメートの美しい娘を窓ぎわに腰かけさせて写生する、椿の花や野菜や果物などという静物も描かせる、という具合だった。

私のクラスはみんな絵が好きだった。それは、担任の小池先生はじめ学校全部が絵に力を入れていた。その頃川上先生という男の絵かきの先生が、大きな画架にカルトンを立てて木炭をはしらせている場面をよくみた。そして、一度でもよいから木炭で、消しゴム代りのパンを使って描いてみたいものだと心に思った。

そんなところから、学校以外の遊びの中に、お茶の水の川っぷちや上野公園や植物園や神田川のほとりの神社に一人で、あるいはクラスメート二、三人で写生に出かけることがおおくなった。学校の窓からもお茶の水近辺からも、ニコライ堂の屋根がいつも美しく感じられた。だから、ニコライ堂は何度私の絵の中にあらわれたかわからないくらいだ。ある日上野公園で、松の木と赤い夕陽を描いていたら、真暗になりそうになって、こわくなって急いで山をおりたことを記憶している。

さらになつかしい思い出は、夏休みの海だ。それは、先生に連れられて林間学校だの、海の家だのという集団的なものではない。毎日日帰りで海に通うのである。大正八年の三年生の時にすぐ上の姉と通いはじめた水泳場は州崎だった。よしの生えている静かな海、材木がいかだに組まれて浮んでいる海、たった一つの水泳場の小屋が建っている海、二人は下駄ばきで、簡単なワンピースを着て、小さいバスケットの中におべんとうと水着を入れて毎朝出かけた。

この水泳道場の名前は、荒谷水泳所といった。温和な小柄の荒谷先生は、水府流の達人らしい。その助教師連が、岩本町や竜閒町のお菓子屋や料理屋や魚屋の若旦那連中だった。口は悪いがいせいがよく、教え方も荒っぽかった。この助教師連は、両国の隅田川にあった道場の頃からの荒谷先生の愛弟子だったらしい。いずれにしても、東京近辺の海水浴の草わけといえる水泳場の生徒が、私たちだったといえるのである。

この州崎道場は、その後四年のあいだに、大森に、そして荒川放水路の四つ木橋のたもとに、転転とした。そのあいだぢゅう、私たち姉妹は、後には妹も加わって、大震災の年まで通いつづけた。

風の子のような外好きの私も、半面また、女らしい室内の遊びをした。その頃千代紙がさかんだった。千代紙のよいのを買うために花柳界の浜町河岸に出かけた。そこの千代紙は高かったが素晴しいものだった。千代紙の交換、そして千代紙で作ったあねさま人形で、ままごと遊びをするのだ。

あねさま人形は、できたものも売っていたが、自分で作ったり、姉に作って貰ったりした。とくに作って貰う姉は、大きい姉（次女）だった。彼女のあねさまは素晴しく、高価なお金で買ったあねさまにも、また、どの友だちがもっているあねさまにも負けなかった。友だちの家へ千代紙の箱を持っていって遊ぶ時に、その家のお姉さんやお母さんが出てきて、「だれが作ったの？」ときかれたりすると大得意だった。

この千代紙工作のあねさまの他に、母から貰った背の丈三寸位の小さい日本人形を持っていた。この日本人形の着がえのきもの数枚と、寝具一切にいたるまで、つまり、人形のワードローブ一切をこの姉が縫ってくれた。それがまた素晴しくて、寝具のかいまきから上がけまで本格的な作り方だった。この姉は、長唄に通いながら和裁の先生のところに毎日せっせと通っていた。どうも長唄の方はあまり好きでなかったらしく、その頃、今川橋のところにあった今のデパートの松屋のウィンドウの棚にぶらさがって、時間をつぶし、お稽古をすませたようなふりをして帰ってきたそうだ。松屋といえば、その頃は畳敷で下足をとっていた。そんなわけで姉は長唄よりお裁縫の方が好きだったらしい。

その後、この姉が編物をはじめたのである。大正九年頃だったと思うが、その頃の編物は二本棒でなくかぎ棒編であった。姉は、決して編物の先生について教わったわけでない。好きなところから妹のものや家族のものを編んでいるうちに、もともと感覚的にも技術的にも才能をもっていた姉が、本格的に編物をはじめるようになったことは当然といえる。この次女を中心として、三女も加わり、母も加わり、近所のおかみさん連中からそして浅草橋の芸者衆も一人加わって、手編スェーターの卸屋というところまで職業化していった。この頃、父が中風ぎみで商売も休みがちだったし、長女は結婚してしまったし、この相続人の立場にある姉を刺激しての職業化であったといえる。

はじめ十二種類の新鮮なデザイン見本をつくる。それを白木屋や、洋裁店へもっていって、注文をとってくるのである。その後、かぎ棒編に二本棒編も加わって、デザインもつぎつぎと発展していって、素晴しいものができるようになっていった。白木屋といえば、明治十九年頃、鹿鳴館時代の婦人の洋装熱の波にのってか、いちはやく外国の裁縫師などを雇いいれて、洋装部をおいたといわれるだけに、この頃も新しいデザインについては、たいへん積極的であったようだ。

私たちの日常着にも、姉のデザインが着せられたことは当然である。私の記憶しているデザインでは、ローズの中細毛糸のかぎ棒編で、ミディー・シルシットのかぶって着るセーラー型だった。衿はセイラー・カラーで、後衿が三角になっていて、衿の周囲に入れた黒い線がこの三角の衿の先でふさになってさがっているデザインであった。私がなんの気なしに学校に着ていったら、みんながよってきて珍らしそうに眺めていた。

妹だけは幼児から洋服式で、とくに編物類がおおく、上から下まで編物づくめでとおした。これらのデザインもすべて姉の手によるものであった。大正十年に姉は、シンガー・ミシンを買った。たしか月賦で毎月五円ずつ払ったと思ったが……この頃から姉は、編物ではだんだん物足りなくなり、洋裁をはじめたい希望だったと思えた。ある日、このミシンの音がする。人の気配がないのに音がするのでよくよくみたら、小さい妹が、頭だけミシンの台から出してミシンをふんでいるのである。

そういった風景が、私の身近な家庭内でみられたし、着るものは、和服にかぎらず、すべて家の姉が、またひいては自分たちの手で作られてゆくのが当然のように思えた。

この姉は、その後ついに洋裁師に転向していったのである。大正十二年の大震災の年の七月に、神田から大塚の電車通りに移転したのも、そこで洋裁店を開業する目的からであった。もちろん姉は、編物と同様、洋裁を先生から習ったわけではない。その頃すでにフランスのスタイル・ブックも入っていたようだが、スタイル・ブックにでている絵姿をよくよく観察して、考えてから裁ってゆくのである。

山の手といっても、その頃は、大人が洋服を着るということはごくまれであった。主として商売の対象は子供であった。その頃の子供服はビロードが全盛で、舶来の美しい黒や赤のビロードに、フランス刺繍をした素晴しい子供服が姉の手でたんねんに縫われていった。

姉は、自分が考えて作ったものが、二、三年たって、必ず流行してくると、よくいっていた。

姉妹全部職業婦人

大震災の翌年の大正十三年頃から東京の街では、自動車が一般の常用車として動きだし、数年後には円タク時代が到来したのである。

この自動車と、私たち家族は大いに関係が深いので、ここでふれなければならない。

三女の姉が、数え年二十一才になった大正十三年、姉妹の中で一番新しいことの好きな、その頃でいえば、モダン・ガールといわれた彼女が、自動車の運転を習って、将来の自分の職業にしたい、という希望にもえたのである。

そしてその次の十四年に運転の免許をとるために、フォード会社関係の練習所に通いはじめた。と同時に次女の姉も動かされた。次女は、長女なきあとの相続人として、父はいても病父であり、扶養家族のおおい母娘七人の家計をささえるには、小さい洋裁店と一人のサラリーマンだけではとうてい食べられない、と思ったからである。

そうこうして運転を習っていた二人の姉妹の妹の方が、フォード会社関係の技手某と、恋愛関係に入ったのである。某は、自動車運転法の参考書を執筆している才人であった。その頃、運転手が免許証を得るための参考書の売行きは大変なもので、とくに彼が書いたカード式ラセン綴のポケット型（当時のアイディアとしては素晴しく斬新なものであった）の一円の著書は、最もわかり易いという評判だった。

たくましい体格の持主であり、インテリの彼は、姉（三女）の心を動かすのに十分であったし、また、この美しくて新鮮な下町娘に、関西人である彼が魅了されたのは当然といえたのである。そしてついに彼と彼女は、昭和元年に結婚したのである。

一方次女は、三女の結婚をよそに、一家の働き手としての責任をますます強固にし、ついに免許証を獲得し、昭和二年にフォード一台を購入したのである。もちろん、その購入金の頭金の捻出には相当の苦労があったが、十数カ月月賦支払いという比較的楽な支払い条件によって、めでたく洋裁店から自動車屋への転向をみたのである。

その後、住いは大塚のまま、車庫は牛込の喜久井町となって、姉は新しい商売にいさんで通うようになったのである。

その当時の次女は、数え年二十七才だった。それまでいくつかの縁談もあったが、妹がおおいからといって断った。隣人、知人は、新しい職業婦人としての力強い彼女の態度を、男まさりの娘さん、と絶賛したのである。

その当時の彼女の装いは、洋裁店をしたにもかかわらず、ずっと和服でとおしていた。和服の上に、冬は、黒ビロード、夏は、自然色の麻のいずれもスモックをきりっと着て、髪は真中からわけたひっつめ髪、そして、白粉はつけないが、それがかえって目鼻だちの美しい彼女を引きたたせ、彼女らしい個性的な気品を助長していたのであった。

昭和五年の十一月に、母が尿毒症でたおれた直後、一台の車は二台になった。彼女は、「お母さんがもう少し永く生きていてくれたら、新しい車もみて貰えるのに。また、洋子の卒業も近いし、生活ももう少し楽になるのに、一番苦しい時に亡くなった……」となげいていた。私の女子美時代の、とくに絵具代を含めた高い学費を、彼女の血の出るようなかせぎの中から、それこそいやな顔一つせずに出してくれたその当時を、今になって憶い起すと全く頭がさがる思いである。

昭和四年、妹の女学校四年生の頃、四女の友だちの慶応の学生が、ヴァイオリンをもって遊びにきた。その時の妹（現在ヴァイオリニスト、雪子）の感激ぶりは大変なものだった。初恋の人に会ったように妹はいった。「もっと早くヴァイオリンに会いたかったなあ」と、その後、妹は無性にヴァイオリンに心をひかれだしたのであった。そして、姉妹で牛込の矢来の古道具やへ、手ほどきのヴァイオリンをさがしにいった。そして買った最初のヴァイオリンが九円だった。

この妹の心をくんで、私の学費の上に、さらに妹の学費が加わるのも覚悟して、武蔵野音楽学校に入学させたのである。次女の姉は、妹にも私にもいった。「これからの女は、腕に職をつけることだ、自分の好きな道をつっ込みなさい」と。そして二人の末っ子は、父代りであり母代りである次女の力強い言葉にはげまされて、勉強しだしたのである。

父が昭和三年に、母が昭和五年に亡くなって後、住いだけだった大塚の店は、無意味になり、姉にとっては不便だったので、車庫の近くの牛込の戸山町に引越した。戸山町の住いには、次女、四女と私と妹と、そして母亡きあとの代りに、母の兄嫁にあたる伯母が一緒に住んだ。伯母は一人息子亡きあとの、親戚間の事情で、一時私たちの家に住むようになったが、若い娘だけの家庭には必要な人であった。

私の二つ上の四女は、昭和元年、女学校を卒業後、京橋のある貯蓄銀行の女子事務員として就職したのである。その後、ここでの銀行員生活は九年におよび、彼女が結婚に入るまでつづいたのである。

四女の姉は、女学校時代バスケットの選手であり、水泳ではダイビングが得意だった。また、なかなかのインテリで、家の姉妹中で一番理論家であり、うるさ型であったといえる。とくに妹が音楽学校に入る頃、音に敏感な彼女は、妹の弾くヴァイオリンの音程云々をうるさく批評し、私たちが口ずさむちょっとした歌でも、「だめッ、だめッ、だめッ、そこはだめッ」と、やれ間のびがしたのどうの、とうるさかった。彼女のおつとめの帰宅後の話題は、日本社会の現実云々であり、将来の理想であり、若い青年たちの思想問題であり、封建制度の中のみじめな日本女性の問題であった。そして、日常の職場での具体的な出来ごとの話題でも、主として男尊女卑の差別待遇に対する不満であった。

というぐあいに、最も年近い四女から私たち妹二人は、内面的な考え方についておおいに学んだ。と同時に、素晴しく理想主義者である彼女に反抗するような形で、私たち妹は、だんだんともっと具体的なものを求める現実主義者になっていったのである。

半面彼女は非常に明るい性格なので、大変遊ぶことが好きであった。彼女の男友だち、その頃慶応ボーイの五人のグループがあった。一人は野球、一人はラグビーの選手である彼らは、いわゆる都会的なモダーンな遊び方を心得ていた。例えば、その頃、ちょうど昭和の五、六年にかけて流行した映画の主題歌、『ショー・ボート』、『アイルランドの花売娘』やハワイアンギターの『ブルウ・ヘヴン』とかいう歌を、彼らはさきがけて覚えてきて、その楽譜を持ち、伴奏のウクレレをさげてきて、私たちに教えるのであった。また、日曜日には豊島園のハイキングに、神宮外苑の野球やラグビーの見物に、また応援に出かけるなど、この頃の一部の享楽的な風潮とは別に、明るく健康な日々であった。

この慶応グループのほかに、一橋の外国語学校の学生が数人遊びにきた。彼たちは、慶応のグループとはまったく質を異にしていた。この外語のグループの三分の二以上は、社会主義思想を濃厚にもった連中で、当時の共産党の弾圧、学問・思想の自由への弾圧、満州事変、五・一五事件、などに対してはげしい憤りをもやし、積極的に行動した人もいた。そして彼らにいわせれば、姐御と称する四女をとりまいて、世の中をながく議論に時を忘れたのであった。

考えてみると、私たち姉妹の遊び方は、常に、集団と集団の交渉であった。つまり、姉妹一人ずつの友だちであっても、いつかは、姉妹全部の友だちになってしまうのである。そこに私たち家族の明るい完全な共同生活の営みが感じられるといえる。

昭和七年であった。四人姉妹と伯母の五人の生活の中に、もう一人姉が加わったのである。それは結婚した三女の姉が離婚してもどってきたのである。次女はじめ姉妹一同は、三女を心よくむかえた。姉には、六つと三つの二人の男の子があった。恋愛結婚でありインテリの家庭でありながら、一夫多妻を平然と認めさせようとする彼の態度、しかも何事にも暴力でおしとおそうとする彼に反抗して、堂々と離婚したのである。下の男の子は、彼の親友であり、三女の気持を深く理解している、クリスチャンの家庭に貰われてゆくことになったが、長男は、男親の手許に残ることになった。私たち姉妹は、三女の気持をくむと同時に、長男の将来も考えて、なんとか長男を引とり育ててゆきたい気持であった。とくに次女の姉は、生活は苦しいが、みんなで育ててゆくから、という気持が強く、相当手をつくしたが、ついに男親は長男を手離さなかった。

三女は、自分が選んだ恋愛結婚の破綻の結末を、自分で処理するという覚悟が強かった。そして、まず自活の道を、と急いだ。彼女が選んだ自活の道は、母が子供の時に、とくに彼女にあたえた芸ごとの下地をのばすことであった。彼女は、琴より三味線の道を選んで、急激に修業につとめた。

彼女は、出来るだけ次女に負担をかけまいとして、まず、師匠に通う時の装いを切つめた。それは、紺の無地の着物に紺の羽織であった。長唄にかぎらず、この種の芸ごとの環境は、すべての点で派手であり、社交面もおおいことを知っている彼女は、まず質素な装いによって、それを避ける方法をとったのである。

彼女は、毎朝八時から三味線を弾きだし、稽古から帰ってくれば、すぐまた弾きだすというぐあいで、夜は十時まで弾いた。時には、唄の稽古のために、のどを破るために、近くの海や原っぱまで出かけて練習した。

ついに、近所から苦情が出た。弾丸的なこの彼女の行動は、職業人として立とうとする気持と同時に、子供のことをまぎらわす、という気持も多分に含まれていたのではないかと思われた。

その後彼女は、芸ごとつまり技術によって食べてゆくことの険しさをだんだん知ってきた。と同時に、姉の経済にたよる苦しさを知った。約二年後彼女は銀座に間借りして、ある銀座の料理屋で働くことによって、自活の道とした。もちろん、三味線の修業を重ねていったことはいうまでもないのである。

彼女の竹を割ったような性格と、生きるための努力、そして彼女の子供の頃から持っていた芸ごとにおける才能によって、技術は、だんだんと玄人の域に入っていった。そして、師匠の名をとって、三味線の道で自活出来るようになったのは、離婚後五年目であった。

その後彼女は、三味線を手離さずに生活とたたかいつづけ、昭和十六年頃、医者から後期心臓弁膜症の診断が下されたのである。そして約二年間病床について、十八年の秋に、数え年四十一才の若い生涯を終えたのである。病床にある間は、ささやかではあるが、彼女の自力による預金によって完全にまかなえたのである。人の世話に決してなりたがらない強い彼女だったが、亡くなった墓前で姉妹たちは話し合った。「自分の力で自分が死ぬまでまかなうことができたのだから本望だっただろう」と。

その間、両親のすすめによって、いわゆる、見合結婚をした長女は、つねに、妹たちの生活のたたかいを見守りながら心配していた。一男をもうけ、実際の夫婦生活は幸福であったに違いないが、妹たちへの愛情があまりにも強いため、ともすれば、夫婦間のあらそいごとにもなることを、妹たちは感じていた。

　そして、がむしゃらに働いている妹たちの方が、かえって幸福であって、封建的な家庭人としての長女が、かげながら妹たちをかばう心づかいを、うれしくも感じ、また、悲しくも感じていたのである。

　酒も煙草ものまない一番姉妹中で温和しい長女が、中風でたおれ、五、六年も伏せって亡くなったのが、戦争のまっ最中であった。小石川の東大附属病院や神奈川の疎開地に、母代りに看病に出むいたのも相続人の次女であった。一男は出征中であり、彼女の夫と、次女に見守られながら、生涯を終えたのである。

画家からデザイナー

最初の職業

私が女子美術卒業間近の、昭和六年から七年頃の学生の気質は、すべて新しいものへの憧れを、実行に移してゆく傾向にあった。

その頃の若い人の好む絵画の傾向でいえば、堅実派といわれる人でも、岡田三郎助や山下新太郎のアカデミックな印象派の手法にあきたらなくなり、印象派以後の藤島武二、安井曾太郎、児島善三郎などの作品にぐんぐんひきつけられていった。また新しがり屋といわれる連中は、二科会や独立美術展のフォーヴやシュール・レアリズムの室の虜《とりこ》となり、里見勝蔵、古賀春江、福沢一郎の絵の前に群がっていた。

里見勝蔵氏の許に、花の静物の作品をもっていって批評してもらって帰ってきた一人のクラスメートが、彼の批評の言葉を次のようにみんなに報告した。〝あなたは生きた花を写生したようだが、この花は死んでいる。私は造花を写生しても生きた花に描く〟と。彼女は発奮して師にあおいだ。

とくに、古賀春江氏の人気は大変なものだった。クラスメートの中でも最も派手な数人の連中が、彼のアトリエに押しかけていったようだ。そして、その中の一人は、古賀氏のすばらしい才能とはげしい性格に魅了され、ついに師弟以上の関係に入っていった。

クラスメートのほとんどは、地方人で、一、二年生の頃までは寄宿舎にはいり、装いもつつましく田舎まるだしの学生であるが、三年ともなると寄宿舎から出て下宿生活にうつる。そして、言葉も動作も装いも、化粧もぐっと変ってくる。その変りようは、東京の都会生活や新しい芸術環境に急激に支配された、いわゆる新しがりやのモダーン・ガールになってゆくのである。

その頃の女子美術は、本郷の菊坂にあったところから、「菊坂通れば二階からまねく……」と、吉田御殿の物語の一節にたとえて評判にされた。その当時の一般の人からみれば女が絵を描くということだけでも、いかにも自由奔放な学生生活と感じられていたようだ。そのため、学校側としては、学生の行動についていては相当神経をつかっていた。まず、通学者は、すべて紺を用うべし、洋服でも和服でも形にこそ制限はなかったが、必ず紺無地、という色彩の上で制約があった。

女の断髪は、昭和の初め頃から流行しだしたが、この昭和の五、六年頃が最も一般に流行していたようである。クラスメートの中のトップ・モードは、前髪をぷつっと切った断髪頭で、眉毛をそって細長く直線に描き、口紅も濃厚な退廃的な化粧であった。また足もとも頭と同じトップ・モード、つまり、その頃流行の黒のうすい絹のストッキングに、ハイヒール、という装いであった。ところが洋服の方はヒップに近いウェストライン、短いスカートにお釜帽という当時の典型的なモガのスタイルではなくて、紺サージを使ったプリーツのショート・スカートの制服であった。つまり、洋服だけが野ぼったい学生服で、頭と顔の化粧と、やたらに流行り出した脚線美を強調した足もとだけが、最先端をゆく、というきわめてアンバランスな装いであった。

一方、男性とくに上野の山の美術学生は、女と正反対に、ライオンのように髪をぼうぼうと長くのばすことが流行していたようである。当時の一高の学生や拓大の学生なども朴歯をはき、汚れた服や羽織をきて、髪はのびほうだい、腰には煮しめたような手拭いといったいでたちで、のしあるいていたが、これらはいわゆるモダンなものに対する一種のレジスタンスとも考えられる。

そうしたことから、「上野の山は断髪令、菊坂は断髪禁止令が下った」と、ユーモラスないいまわしで、クラスメートたちはさわいでいた。

こうした中の私の装いは、ほとんど紺の和服に紺の袴、そして白足袋に草履であった。髪はもちろん長く、両耳の上にまげをのせるラジオ巻という髪型で、後に一束ねにしていた。そんなところから、クラスの中での私のニック・ネームは楊貴妃だった。

新しい絵画、新しい装い、それは私にとって少しの刺激こそあれ、けっして心を大きくゆすぶるものではなかった。とくに、新しいおしゃれは、あまりにもゆきすぎていて、アンバランスな奇異なものだったからである。

昭和七年、二十三才（数え年）の春、女子美術卒業と同時に、私は長い髪を切り、和服を完全にぬいで洋装になった。そして、絵画を完全にやめる覚悟をきめた。

私の早速の希望は、自分の力で食べてゆかれる職業につくことであった。

絵の道ですぐ食べてゆかれる職業というと、女学校か小学校の絵画の教師ということになる。しかし、東京での就職はむずかしく、学校を通じてきた就職先は、朝鮮の釜山、台湾、九州、広島などであった。教える内容も、地方であるところから、絵のほかに用器画ならまだよい方だが、習字・国語・歴史まで教える、という条件であった。

私はどうしても東京にとどまりたかった。そこで一番先に選んだ職業は、神田の学生街にある喫茶店の店員であった。

この店は、当時の新劇俳優、前山清二（数年後四女の姉と結婚した人）の経営になるもので、十銭のおいしいコーヒーと、ランチ・タイム・サービスの安い一品料理とが、この店の呼びものであった。定員十五人という小さな店だったが、学生のほかに、嵯峨善兵、松本克平、松竹の舞台装置家木須孝など、前山氏の友人はじめ、遠方からわざわざやってくるその関係のファンも多かった。

その後、数年たった頃、この木須孝の装置で新劇合同の「忠臣蔵」が日比谷公会堂で公演されたが、私はこの今は亡き木須孝の装置に非常に惹かされた。専門的なことはわからないが、「忠臣蔵」という日本の古典的な内容の演《だ》しものがぐっと抽象的な新しい手法の装置で生かされていたことに深く感動したからである。

ここの私の労働時間は、十一時から夜の九時までで、昼夜二回の食事つきで、給料は十五円ということだった。

この勤めの他に、アトリエ社の編集部から内職をもらった。それは、西欧の古蹟や芸術作品の写真版を、凸版印刷にできるように、ペン画でコピーする仕事だった。ケント紙に大体、七糎四方から十糎の大きさに描き直す賃金が、六枚で一円であった。

私は、夜十時帰宅後、この六枚のコピーを夜中にかけて描こうとしたのである。六枚描き上げるのに、楽なものは夜中の三時頃終るが、手間のかかる場合には、時には夜明け方の六時までかかってしまうのである。そして十一時には出勤というわけであった。

私の頭の中で計算した収入は、朝食だけ自分の家で食べて、一カ月合計四十五円の収入ということになるのである。この頃の一般の生活収入は、大学出の初任給が、大体四十円ないし五十円という相場であったから、私の選んだ、この職業と内職との収入は、相当な高級サラリーになるわけである。

いずれにしても、学校卒業後、一日も姉の世話にならずに、自分の力で食べてゆきたい、という強い意志によって、こうした職業を選んだことになったのであるが、どう計算しても寝る時間が、四、五時間という、大変無理な結果になるし、しかもアトリエ社の内職も長くつづきそうもなかった。

ついに、この仕事は三カ月で終ったのであった。

次に選んだ仕事は、ある編集の手伝いだった。満州国の成立、五・一五事件など軍国主義の体制が確立されてくるなかで、その当時のいわゆる「軍人ブーム」にのり、牛込のある印刷屋の主人が、軍隊に入る人のための参考書の出版に乗りだしたのである。在郷軍人のある大佐二人に執筆させるために、二人を高給で雇い、この大佐二人と私と給仕、合計四人の小さい編集室ができたのであった。参考書の内容は、軍隊の教範、操典に準じて、銃の持ち方、射ち方、行動のしかたなど、兵隊になる人のための手びきという、大体定価一円程度の実用的な参考書である。

この二人の大佐は、私の出勤時間よりも一時間近くも前からきていて、じゃんじゃん書いた。そして、約一カ年弱で単行本十冊が発行されたのである。なお、単行本のほかに、同じく兵隊むけのタブロイド版の新聞が一カ月一度発行されていた。

私は、二人の大佐の助手として、校正はもとより、単行本内の挿絵、銃の持ち方、伏せ方などのカットを描かされたり、新聞の戦争小説の挿絵までかいた。ここへ勤めてから、私は、街を歩く兵隊の服装や、銃の持ち方や、表情などつぶさに研究するようになった。

ここでの私の最初の給料は、三十円だったが、挿絵のカットもかけるというので、一カ月後には四十円にいきなり昇給したし、一カ年でやめたが、やめる頃には五十円になっていた。

この編集部に勤めて半年たった頃に、私はある人（この人は今考えてもだれであったかわからない）に、新しい絵画や建築工芸のための、造形教育の夜学が銀座にあるから、ぜひいってみてはどうか、とすすめられたのである。

バウハウス教育の刺激

昭和八年春、私が訪ねた銀座のめずらしい夜学とは、西七丁目にある汚い木造建ビルの三階の一室であった。表看板は、川喜田煉七郎建築事務所となっている。つまり、昼は建築事務所で、夜に研究所になる。研究生は、男がほとんどで、二十名位だった。

私は、新しい絵や建築や商業美術の基礎を勉強する研究所だ、というだけで、なんの予備知識もなくのぞいた第一夜の授業は、私を驚かすのにじゅうぶんだった。

川喜田先生とおぼしき肥った先生が、まず、バケツ、洗面器、あるいはその辺にある木の台をがんがんがたたく、あるいはぽんぽんたたく、そして、今のリズムをあなたの感じたままに画用紙の上に鉛筆で表現してごらん……、というのである。私は、ただ目をみはるばかりで、いっこうに鉛筆が動かなかった。

話によると、川喜田先生は、ソ連ハリコフの四千人劇場の国際的設計懸賞募集に参加し、三重廻りのコマ劇場の設計を出品して入賞したという新鋭建築家であるときいた。そして新しい造形教育の必要性を感じて、商店建築を商売にするかたわら、この夜学をしているということであった。

私は、勤めの帰りに、なにがなんだかわからず、いそいそと研究室に通った。第一日目の授業で度ぎもをぬかれてから、興味しんしんたるものがあった。

授業の内容もだんだんとわかりよくなってきた。具体的にいうと、鉛筆で、白からグレイそして黒などの明暗の段階をかかせる、あるいは色をぬらせる。そして、それを構成させる。川喜田氏の解説のしかたは独特で、例えばトンツー、ツーツーという、つまり、黒と白、あるいは赤と緑というコントラストの調子をトンと表現し、淡グレイから中間のグレイそして黒、あるいは、淡い青、青、濃青といった、おだやかな色調が並べられた場合をツーという表現で説明するなど、なかなかユーモアがあり、わかりよかった。

教育の内容をさらにいいかえれば、造形感覚の要素である、色彩、点、線、面、テクスチュアなどの素直な理解からはじまっての構成練習、そしてその発展の応用練習、例えば、写真や色紙の切抜きによるコラージュ、割箸による立体の構成練習という、造形一切の基礎訓練である。

いずれにしても、立派な建築技師のような年配の研究生もいたが、幼稚園の生徒になったような無邪気な気持で勉強がつづけられていったのである。

だんだんと通っているうちにわかってきたが、この川喜田氏のやっている教育システムは、その頃から数えても十数年以前の一九一九年に、ドイツの建築家のグロピウス氏がワイマールに創立した国立建築工芸研究所、すなわち、バウハウスの指導システムであった。

西欧の絵画、彫刻全般の造形芸術が、アカデミックなものから立体派に、あるいはシュール・リアリズムに、前衛派等の新しい表現芸術に移行すると時を同じくして、機能的な新しい美を創造するための新興建築、造形運動が、とくにドイツを中心にしておこったのである。

この頃、日本からも芸大教授の水谷武彦氏、建築家の山脇巌氏、山口文象氏、また山脇巌氏夫人道子氏が建築あるいは織物の研究に、バウハウスに出かけたのであった。

ある午後、夜の授業以外の時間に、川喜田氏に会う機会を得た。彼は、たくさんの建築や家具、そして食器等の海外の参考書を前にして、次のように私に質問した。

「あなたは、この純白のなんにも模様のない食器類をみてどう感じますか、率直な意見をいってごらんなさい」と。私は、その食器類も家具も照明器具も新しい真白な建築もすべて、あまりにも大きな刺激すぎて、すっかり感動していたところだったので、なんとも答えようがなかった。そしてただ「とても素晴しいです」と答えた。

それからというものは、私の心の奥底に光をはなち、いつかはその光をだんだんと輝やかして、本当の自分のする仕事に到達しなければならない、と考えるようになった。その当時、それはいったいなんだ、と問われても、抽象的で到底言葉ではいい表わせなかったにちがいない希望の光だったのである。

私は、今まであまりにも具体的に、現実的に、物事を処理しようとしてはいなかったか。生活をしてゆくことの現実のみに、きゅうきゅうとしすぎてはいなかったか……、私にとって反省の日がつづいた。

新しい生活様式、抽象的すぎる芸術とはちがった生活のための造形、人間をより高度に合理的に生かしてゆく生活様式、その中の一端の仕事でもよいから私のできる仕事はないだろうか。私の希望はふくれていった、そして、私の行動は変っていった。そして、まず新しい調度や建築に接する機会を得ることだ、とおもった。

私は、編集のつとめのかたわら、都合がつきさえすれば、三十分間でも早く、建築事務所にあらわれた。そして、ドイツを中心とした新しい建築雑誌やインテリア・デザイン（家具調度のデザイン）の雑誌をむさぼるようにみた。

そして、昭和八年の秋に、ついに、兵隊の参考書の編集部を去ることに決心した。

勤めをやめることを決心させたのは、川喜田氏の斡旋によって、私にとって素晴しい仕事を紹介してくれたからである。

その頃の『住宅』という建築雑誌、それも専門家を対象にした雑誌でなく、自分の家を建てる人のためのいわば素人相手の建築雑誌があった。発行所は大阪であった、その頃、だんだんと新しい建築、すなわち機能住宅というものに、一般の興味が動いてきたところから、そうした建築作品の原稿が雑誌にも必要になってきた。

ところが、新しい建築工芸の作家及び評論家、例えば山脇巌、土浦亀城、谷口吉郎、市浦健、堀口捨巳、蔵田周忠、山口文象、アントニ・レーモンド、前川国男、吉田五十八、小池新二等々の先生たちは、全部が東京に在住だった。そこで、大阪から取材にわざわざくるわけにゆかないので、私に先生方を訪問し、原稿にして送るようにという、いわば『住宅』の東京出張所の取材記者をおおせつかったのであった。

この仕事は、できるだけ新しい建築様式、調度に接しようとしていた私としては願ってもないことであり、しかも、それが収入になるというのでは、私がこおどりするのは無理もないことであった。

しかもこの仕事は、早朝からオフィスへ出むくのと違って、大阪の編集部との手紙の連絡によって、〆切までに依頼された原稿を送ればよいのであった。つまり、フリーの仕事であった。はじめは少し骨が折れたし、数枚の原稿集めにも相当時間もかかったが、だんだんなれるにしたがって、一カ月の仕事が、早くて一週間、手間がかかっても二週間で片づいてしまうようになった。しかも、毎月の収入が三十五円ないし五十円という大変割のよい仕事であった。

そして、この仕事の中でも、新進建築デザイナーの作品に接することもできるし、時間のあいまには、川喜田氏の事務所で、いろいろな仕事を手伝うことができた。もちろん、川喜田氏には、勉強させて貰うという立場で無報酬でということであったが、時には川喜田氏の著書『商店ウインド図集』などの編集を手伝って、二十円のお礼を貰ったこともあった。

私の手伝える仕事は、毎月川喜田氏が、会員に発行している、『アイ・シー・オール』という建築全般ならびに商店設計に必要な参考誌の編集の手伝いであった。

また、一番大きな仕事としては、その頃もっとも新しい造形教育をしているので有名であった、永田町小学校の絵の先生（現文部省教材等調査委員）、武井勝雄氏との共著になる『構成教育大系』の編集の手伝いだった。これは私一人でなく、川喜田氏および武井氏の愛弟子たち全員が、こぞって手伝った。これはいうまでもなく、バウハウスの教育システムを日本流に解釈しなおした、新しい図画工作の指導書であり、デザイン感覚の基礎訓練の参考書であった。

本の図版は、小学生の構成教育の練習作品および、川喜田氏の夜学生の練習作品を網羅したもので、その頃の造形教育の最も新しい出版物として、センセーションをおこしたものといえる。

この『構成教育大系』ができる頃に、芝の虎の門で洋裁学校を開いていた伊東茂平氏が、この構成教育に興味をおぼえて、川喜田氏を講師に招いたことがあった。

伊東氏の、その頃のドレスにおける主義主張は、「機能的なきもの」「スポーティーな都会的な服」という、当時の割切った新生活様式の合理性と、歩調のあったものであった。そういうところから、彼が、この構成教育なるものとドレスのデザインとを結びつけて、機能美をより徹底させようと考えたのも無理ないことであったといえる。

現在、私が考えてみると、この川喜田氏のところでなされた構成教育なるものは、その指導法に、あるいは受入れる側の責任であったかもしれないが、大いに疑問に思う点がある。

というのは、どうもその頃の構成教育の場合、点や線や色彩という要素だけを安易に取出して、一そくとびに、ドレス・デザインや器物のデザインに結びつけて考えさせるような危険を感じたのである。また、解説法が、図解式でわかり易くしようとしすぎたところに無理があったのではないかと思える。

つまりすべての造形の基本となる、色彩、点、線、テクスチュア（触覚）等の造形感覚の要素を、人間の純粋な気持で卒直に理解してゆくところに、構成教育なるものの最初の段階があると思うし、次に、その理解した線や点をあるいは色彩を、最も合理的なメソードにしたがって美しく構成してゆく訓練であると思う。

しかし、いずれにしても、川喜田氏のこの構成教育の実践は先端を切ったものだったし、川喜田氏のところにおける刺激は、私の仕事の生涯に、大きな示唆を与えてくれた素晴しいことだったといえる。

その頃のモダーン・リビング

昭和八年の秋から、九年にかけて、『住宅』の取材記者の仕事をした時に、私が一番困ったのは、子供の頃から人の前ではしゃべりたくない、という無口な私の性格であった。大体、記者という仕事は、積極的に人を訪問して、先方の意見をきくために、自分からすすんでしゃべらなければならない商売である。

私は、建築家の先生の玄関で、あるいは建物の持主の門の前で、いくどちゅうちょしたかわからない。何度もその玄関の前でいったりきたりしたあげくに、やっと度胸がきまってベルを押す、という具合であった。

いずれにしてもこの仕事は、先端をゆく建築や家具の作品に接するのであるから、まったく私の想像もしなかった生活をみせられたり、驚くような矛盾にぶつかったり、予想した以上に、非常に勉強になることがおおかった。

ある月の原稿依頼が、『台所と食堂の特集』だから、「合理的な台所の工夫をまとめろ」ということだった。

そこで、ある作家にそのむねを伝えて、台所と食堂の完備している作品をみせて貰うことになった。ところが、その台所たるや、十数人の女中さんのたちはたらく大邸宅の台所だった。そして、ちょっと食堂を拝見したい、といってみたら、まるで会議室のような大食堂であった。という具合で、第一、こんな大きな台所や食堂が個人の住宅にあるなんて想像もできなかったし、それに編集側の希望とはまったく違うので、がっかりして帰ってきたこともあった。

しかし、大体のところ、その頃の一流の建築家の作品が、大ブルジョアの邸宅がおおいのに気がついた。そこで、自分の足で、素人の工夫した小さい庶民的な台所の工夫や、アパートでささやかに暮している人の経験談や工夫など、さがして歩いた。

もちろん、中には、大変参考になる素晴しい小住宅の設計もみられた。そのころよいと思ったその設計は、ほとんど、現在でこそ珍らしくないが、日本の従来の区切られた間取りのとり方でなく、応接も台所も大きく一つに構成する居間中心主義のじゅうぶんな採光、通風による健康な明るい住宅であった。完全に無駄なく使える空間の利用、全部壁に仕込まれた戸棚類、小さいが使いよい流し、レンジなどが完備している台所等々、また、壁面にあるいは床に仕込まれたパネル・ヒーティングの完全煖房など、今後の日本の理想的な住宅のすすむべき方向を具体的に示してくれていた。

しかし、その頃の一般の住宅は、まだまだたち流し台のない、坐って洗いものをする台所がおおい、という状態であったし、椅子式になり、高価な家具類を設備することなど、遠い夢のようだった。だから、素晴しい機能的な住宅をみればみるほど、現実との開きがあまり大きくて、はたして今日の日本の住宅形式が、新しい建築家が考えているようになってゆくのかどうか、疑問をもたざるを得なかった。

こうした高級住宅と同時に、一戸建の小さい分譲住宅もみられ、比較的一般向のアパート（例えば江戸川アパート）や、モダーンなアパートとして有名な土浦亀城氏設計になる九段の野々宮アパート、また山口文象さんの設計された集合住宅もあった。

その頃、懸賞作家が設計した一万円でできる小住宅があるときいたので、みにゆくことになった。

四角い真白なモダーン住宅、睦屋根（軒のない屋根）の建坪十坪程度の木造建築である。玄関といっても簡単な出入口程度で、入ってみると、全体が真四角の居間になっているようだが、北側の一部には台所もあるし、南側には中二階と中地下室がつづいている。間取りはなかなか割切れている。

南側は、天井のすぐ下から全部ガラス張りになっている。できてからすでに一年は住んでいるらしい。ガラス張りにかけられたカーテンは、雨のためにしみだらけである。軒がまったくないので「夏は日光が入りすぎて暑くないでしょうか」と私がきいたら、その設計者のいわく、「そのためにこの樹木を植えたのです」と庭にあるたった一本の桐の木を指さした。

はじめ全部開閉ができる窓だと思ったガラスが、ほとんどサッシュ（はめ込み）で、ほんの四カ所位が小さく回転窓にあけてあった。住む人があとから改造した気配がある。なお、きいてみると、天井の非常に低い中二階が夫婦の寝室で、中地下室が子供部屋兼寝室だそうだ。中地下室に入ったら、なんとなくかび臭い。簡単に土を掘りかえしたところに、いきなり床を張り、作りつけの子供の寝台の下はふとん入れになっている。……なんと不健康な子供部屋であろう。なお、この母屋の右側にぽつんと離れのような四畳半の座敷がついていた。きいてみたらごいんきょさんの部屋だという。住んでいる人にきいたら、とくに冬の陽がおちた午後は、母屋の方は寒くて仕様がなく、一家全部ごいんきょさんのこの座敷に集ってこたつを入れているという。

以上は、この頃のモダーン住宅の最もひどい悲劇の一例であった。

その頃、ある若い建築家の自宅を訪問したが、その建築家の言葉が今もって私の頭に残っている。彼は、二十数坪の自分が設計した小住宅に住んでいた。そして、既にこの住宅には三年住んだが、今これから次の新しい住宅を計画しつつあるのだ、ということであった。

彼の話題は豊富だった。「人間というものは、環境というか周囲の形によって進歩もするし、後退もするものです。私が考えるには、住宅でもオフィスでもそうですが、現在自分が考えていることより、一歩か二歩先の新しい形の中に自分を置くことだと思います。そうしてその新しい機能的なリビング・スペースやオフィスのよい状態によって、その人間が引上げられ向上してゆくのです。そして、その形に追いついた時、人間はさらにその次の新しい環境、より機能的な状態を希望するようになるでしょう。そして次に計画した新しい環境に支配されて、人間は更に向上してゆくのです」

というのであった。彼の話題の中には、リビング・スペースというか、その形のよい悪いということは、人間の向上に、いかに関係するかということ、新しい機能的なオフィスや住宅を作って、人間を向上させてゆくのが、造形面をあずかる、自分たち建築家の仕事であると述べているのである。

そして、彼は言葉をつづけた。「新しいよい形は、設計者個人の一人よがりの考えからは生れてこない。よい形とは、今後の人間の生活にプラスする合理的な形であるわけだから、けっして突飛な飛躍しすぎた、〝これは面白い〟とか〝これは変っている〟とかいう形ではない」

また、その頃、私の身近にいた、若い建築家志望の学生たちは、十数年先の大東京の都市計画、あるいは今後のアパートメントの設計の話に花をさかせていた。そして彼らはいう、「僕たちは、特殊な階級の個人住宅より、「今後の日本の庶民生活のための設計プランに興味があるのだ」と。そのうちの一人の学生が考えた、東京の都市計画のプランを、私のおぼろげな記憶によってたどってみると、次の通りであった。

地下鉄、地下自動車道路はもちろん、鉄道および自動車道路、人道が、数段階の層をなして空間に構成されている。そして高層建築の階下は商店街、中階は事務所、上階はアパートメント、という素晴しい構想であった。

現在のぼう大な人口と錯綜した交通機関を考え、住宅難を考えてみると、あの頃の、若い人が理想に描いたこの都市計画の一端でも実現していたら、さぞかしよい結果になっていたろうと、素人ながら感じるのである。

また、その頃、日本の昔からある三尺六尺の建築の規格寸法にもとづいた、便利な単位の家具類の試作がみられた。つみかさねて使っても、別々に一つずつ使ってもよい本棚や、正方型の椅子を一つずつ使ってもよいし、たくさん並べてクッションでも置けば、ソファーにもなるし、寝台にもなるといったユニットの家具である。

現在考えてみれば、非常に新しいデザインであり、アイディアであったと思う。しかし、二十数年後の現在、ふたたびユニットの家具が、改めて考えられるようになったが、しかしいまだに試作の域を脱していないように思う。もし、その当時の試作をぐんぐん実験しすすめていったならば、きっと安価にだれでも入手できる便利な既製家具になったろうと、これも素人の立場で考えて、どうしても不思議であり残念に思う一つとして、私の頭に残っているのである。

銀座の住いと私の職業服

仕事と勉強にあけ暮れしていた昭和九年の春頃、仕事でいつも撮影を依頼していたカメラマンの田村茂氏と親しくなった。彼は、長年銀座で友人と一緒に商業写真や報道写真の仕事をしていた人で、この頃、友だちから離れて独立したい意志を持ちはじめていた。

仕事以外の彼と私の交渉は、帝劇の三階で映画をたちみしたこと、それもたった一回だけである。また、そのほかは、数寄屋橋近くのおいしくて安い十五銭のカレーライスを数回食べた位のものであった。

昭和九年、私が数え年二十五才の夏頃、はっきりと、二人で世帯を持ってとも稼ぎをしようと約束した。二人の仕事の関係から、仕事場もかねた家が銀座で見つかればと、方々物色したあげく、銀座西一丁目の裏に小さい家をみつけた。

そこの大家さんは、なかなかかっぷくのよい、話のよくわかる人で、ほかに条件のよい借手もたくさんあるところを、若い二人が勢よくとも稼ぎをしようというところに惚込んでくれて、大変好条件で家を貸してくれることになった。

その家は、リノリューム張りの六畳一間と二畳二間と小さい台所と便所という、約六坪ばかりの家だった。そのうち二畳を暗室に改造して貰うことになって、改造費と敷金を合せて二百五十円、家賃が三十円ということだった。その頃の銀座で、この条件はけっして高価なものではなかったが、貯えの一銭もない私たちにとっては、ぼう大な資金だった。

その上、田村氏は、キャビネ版の組立て大型カメラだけで、35ミリの小型カメラがなく、独立するに際して、どうしてもライカ一台の費用、約三百円が必要であった。また、リノリュームの家なのでとくに家具類が必要であった。

家具といえば、仕事の関係から、すばらしく合理的なものもたくさんみてきたが、私たちの貧乏世帯にはとても高価で、縁の遠いものであった。

その当時、『婦人画報』誌上で川喜田氏の設計による「30円でできる愛の巣の設備」――ソファー（ベッド）二脚、椅子二脚、テーブル一脚、ティー・テーブル一脚――合計六脚で三十円というのを通信販売していた。そこで、これをつくっていた大工さんにたのみ、これよりももっとデザインを簡略にして、手作りの家庭工作の程度のものをこしらえた。

いま考えてみると、この二人でたのんだ家具類は、まことにほほえましいものであった。まず、三尺に六尺の二方に背のついている、ベニア張りのソファー兼寝台を二台、これは二つにあわせると、三方に背のあるダブル・ベッドになる。そのほか、三尺に二尺の食卓兼仕事机一個、ティー・テーブル一個、それに一尺五寸四方の四角い背のない腰掛が四個であった。

そのうち、ソファー兼ベッドは、かなりがんじょうな作り方だったから、その後数年使うことができ、別に大きな失敗ではなかったが、問題な

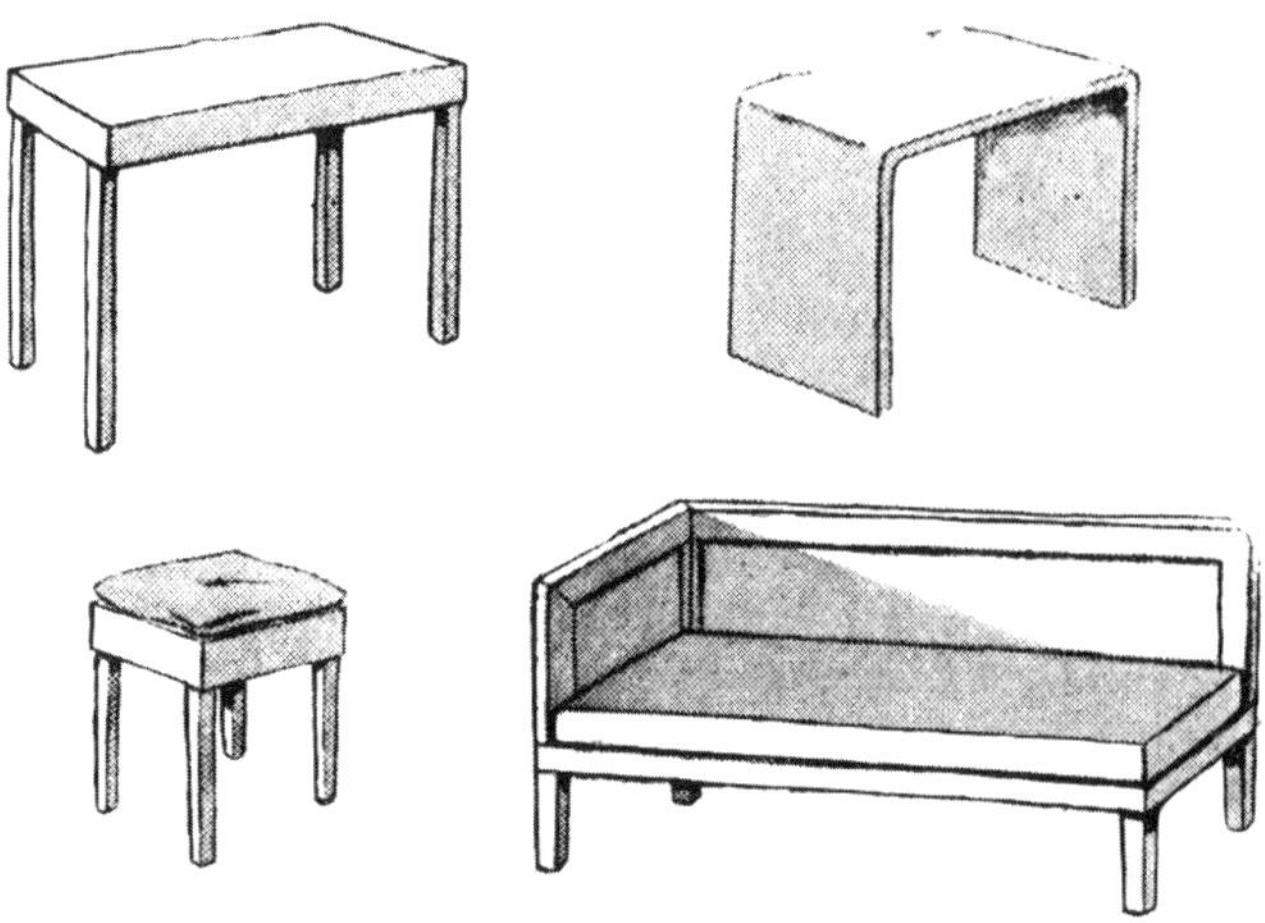

私たちのつくった家具類

のはあとの椅子と机である。できるだけスマートに、というので、構造上必要な、脚の下方に横にわたしてある桟をのぞいてしまって、ベニア板の座の下から、細いきゃしゃな脚が四本出ているだけという、まことにプレーンなものをデザインしたのである。

はじめのうちはたいへんスマートなのでよろこんでいたが、一カ月もたたないうちに、だんだんとぐらつきはじめ、半年後にはこわれてしまったのである。

プレーンでモダーンな家具ということで、なまじっか外観からみた知識による失敗が、この新婚世帯の実践でうなずげたのであった。

結婚後ももちろん、私は『住宅』の取材記者をつづけると同時に、余暇は、田村氏の協力者になった。協力といっても技術的なことではなく、照明の手伝いと、とくに田村氏の最も嫌いな「集金」の係りを引きうけた。

新居のためのぼう大な資金は、全部借金である。その返済は、毎月百円ないし百五十円という月賦支払いである。百五十円というと、その頃の重役のサラリーていどの金額だ。田村氏はもとより私も大いに仕事に精出した。

田村氏の結婚前の写真による収入は、百五十円位とのことであったが、独立という世間に対する信用と同時に、ライカの購入による仕事の巾も広くなって、売上げはぐんと上った。そして、なんとか一年後には、資金のほとんどの返済ができた。

私が集金係りをしたからといって、家計全部の切りまわしをしたわけではない。だいたい私という人間は、計算にかけてはまったく苦手で、明日の食べるお金がなくても平気だ、というぐらい、お金にかけてはいたってのんきな人間であった。

その頃の田村氏の仕事のなかで、比較的大きい収入をしめている商売的な仕事が一つあった。それは、カフェー、キャバレー、料理店など数おおくのチェーンをもっている、ある関西人の経営している会社があった。その会社の仕事は、営業所の改造、装飾の記録および宣伝写真、あるいは、パンフレットに入れる女給のポートレートなどで、撮影をする時間は、十二時をすぎた閉店後という、銀座の街独特の仕事であった。

こうしてした仕事の支払いは、やがて先方の都合よい日に、支払い日がきまり、集金にゆくのだが、その集金の当日の窓口は、米屋、肉屋、魚屋、電気器具屋、装飾屋などが押しかけてゆく。窓口につめかけた人たちの話題は、今月は、会計係りが素直に請求書のとおり全額支払ってくれるかどうか、先月は百円も差引かれて困ったなど、きたない経営者に対する不満や、小さい商人の苦しい生活のはなしなど、切実なものであった。

とくに私たちの場合は、高価な材料費が加算されている請求書である、そして、ささやかではあるが、とうとい生活費であり、良心的に、一所懸命にやった仕事である。それを、支払いの当日、会計係りは、なんの話合いもしないで、頭から差引いて小切手をかく一方的な冷淡な態度にでることもしばしばあった。こうした、会社のやり方に対して、毎月のことながら憤慨して帰ってくる私であった。

田村氏のいわく「こんな仕事はやりたくないのだ。写真家にとっては、もっとやらなければばならない仕事がある。それは、真実に生きてゆく人間のルポルタージュであり、よりよい社会にするための筋のとおった報道写真だ」と。

ライカを使うようになってからの、ある大切な撮影の時のことである。室内のスナップなので、どうしてもフラッシュのシンクロの器械が必要だった。しかし、もっていない。和製のものなら入手できるのだが、完全でないので求められないし、舶来のものは非常に高価で買えない、という状態であった。

ついに私が助手になり、彼が切るシャッターと同時に、私がフラッシュをたく、……ということで二人で出かけた。その仕事は、ある重要な会議で、もしこの記録がとれなければ、撮る方の責任問題になるという仕事である。彼も私も真剣だった。なにしろ完全にスナップなので、彼は手持ちでフラッシュをたくということもできず、立体的なスナップをとろうというので、私が、かたわらであるいは遠く離れて、彼のシャッターをきるのにあわせて、カンでフラッシュをたくむずかしい仕事だった。

仕事をおえて帰宅後、二人で暗室に飛び込んだ。どうぞ写っていますように、私は心に念じた。現像の結果、私のカンがよく、全部彼のシャッターと私のフラッシュはぴたっとあっていた。二人は暗室の中で抱きあってよろこんだ。

そうこうして一年半後のある日、小さいわが家の善良なる大家さんが、私たちに立退きを命じてきた。

私たちは驚いたが、それは次のようなうれしい話だったのである。つまり、一軒おいた隣りの空地に、現在の二倍の建坪の二階建を新築するから、それにあなたたちは引越して下さい、ということであった。しかも、家賃は十円だけ上がるが、その他一切の費用は不要である、というのである。

私たちのよろこびは格別であった。そして、はじめて自分たちの考えで設計できる仕事場の夢でいっぱいだった。私たちのえがいた設計は、約七坪の階下を食事をする二畳と一坪の台所と応接兼仕事場にした。階上は、六畳に押入一間半と四畳半の暗室という間取りである。

さて、スペースの大きさはこれ以上文句はいえないが、なにしろ銀座裏の制約された土地での採光、通風の条件がどうしてもうまくゆかない。たとえば、西側が表玄関で、南側は完全に隣とぴったりついている。だから、主要な居間や仕事場が、西陽をいっぱいあびるし、東は、暗室でふさがれる、という結果になるのである。こうした悪条件の中での設計は、いくら一流の設計家でも合理的な間取りはむずかしいのではないか、と痛感した。しかし、私たちは、戦争で焼ける昭和二十年まで約九年間、ここに住んだのである。

したがって、私たちの生活のための調度や衣類は、最小限度にとどめられ、最低の簡易生活のベテランともなったといえる。

その頃の私の仕事着あるいは外出着として、自分が考案したきものの一、二について述べてみたいと思う。

その頃の婦人の街着は、なかなかちゃんとしたよそおいで、必らず帽子を被り手袋をしていた。ブラウス一枚では外出着にならず、必ず上衣をきる、ワンピース一枚の場合は必ずコートといったように、街着のエチケットは西欧なみにきちんとしていた。もちろん、スラックスで外出するような人はいなかった。

ところで、街を歩いている時にはよいのだが、人の家を訪問した場合、帽子やコートをぬがなくてもよいというものの、日本の住宅ではどうもマッチしないし、かぶっている方が気がひけるのである。

私が主として訪問する家庭は、建築家の先生の住宅であったり、比較的大きい邸であるから立派な応接室のある家もおおいが、床の間つきの日本座敷などに案内されては、どうしても帽子を脱がなければならないし、冬など、小さい手あぶり火鉢だけでは、コートをぬいでちょこんと坐っているなど、まったく寒ざむしいのである。

そこで私が考案したのが、オーバー・コートなしで、街にも室内にも通用する洋服である。生地は、濃グリーンの男物のスポーテックスという中肉のしっかりしたウールである。巾広いスタンド・カラーがついていて、ブローチでとめるだけの、ごくプレーンな七分丈のコートに、そのとも生地で作ったストレート・スカートである。いわば、現在の七分コートとスカートのアンサンブルである。生地の質もオーバー地とスーツの中間をゆくような中肉の生地であるから、冬の街着としても貧弱ではない。中には厚いスェーターをきて、高い衿の中にはマフラーを入れるのであたたかい。そして、無帽の場合もあるし、黒い小さいベレーの変型をかぶる時もあった。

これなら、街着にも、また、どんな応接間にももちろんオフィスにもマッチする。その後、私は、玄関でいちいちコートをぬぎ帽子を脱いだり、またかぶったりする、わずらわしさから解放されたのである。

このカッティングが、その頃のコートやスーツとちがっていたので、訪問するたびに「あなたの服はちょっと変っていますねえ」ということだった。

このアンサンブルよりずっとあとに作ったものだが、もう一つ仕事の関係から考えて作ったドレスがあった。

それは、アンゴラ・ウールが入っている黒と白の肌ざわりのよい軽いツイードであった。この種の生地は、大体かわり上衣か、子供服のコート地にするものであるが、私は、これをワンピース・ドレスに作った。この頃は、今よりずっとドレッシィーな装いがおおく、会合というと、絹のアフタヌーンか、フォーマルなスーツを着るのが一般の常識だった。ところがなんといっても、冬の集

私のきたワンピース

私のきたアンサンブル

会所は寒くて、それらはむかなかった。そこで考えたのが、このあたたかいワンピースで、しかも、衿はちょっと折り返えるだけで、ウエストもシェープしない切替えのないシフト・ドレス（ウエストをぴったりあわせないドレス）形式で、ふとい黒の変りベルトでぎゅっとしめたものである。

まず暖かそうだということと、やせている人を大変豊かにみせるということ、その上にカッティングがやさしく、だれにでも縫える、ということでなかなか好評であった。

大体私の洋服は、自己流ではあるが、自分で自由に裁って、そして一晩か二晩で縫い上げられるような、やさしい縫方のものでなければ作らなかったのである。

スタイル・ブックを編集する

私は、田村氏の仕事の関係から『婦人画報』を知った。そして、婦人画報での最初の私の仕事は、フリーの立場で、附録の手伝いをしたことである。

それは、昭和十二年の一月号の附録に、『生活の新様式』という、モダーン・リビングの別冊附録をつけたいので、その原稿および編集を全部私にまとめてくれないか、とその頃編集長であった中村正利氏より依頼があった。つまり、今まで私が『住宅』の仕事の時に、懇意にして貰っている新建築家の作家約十人の作品を、婦人の生活向きにわかりやすく、グラフにしながらの解説である。私としては、作家の先生たちの承諾さえあれば、ということで心よく引受けることにした。

ところが、雑誌の企画にありがちな、〆切が非常に切迫している上に、今まで、原稿料支払の点で、婦人画報が建築家の執筆者に対して不義理していたことが原因で、十五日間という貴重な日数がその交渉のためにとられてしまったのである。

編集部では、私に一人の助手をつける、ということであったが、仕事がすすむにつれて、すべて先生方の意見が、口述筆記により私の頭に入っている……という進行状態では、どうにも助手をたのんでみても仕方がなく、たった一人で、残すところ十五日間の短期間で一冊をやりとげなければならない、という大変無理な仕事になってしまったのである。他の月と違って、正月号の附録という、雑誌社の営業から考えれば重要な月であり、一日発行が後れればすべての点に支障をきたす、というすこぶる責任の重い仕事である。

私のたてたプランの内容は、次の通りであった。

☆最小限機能住宅のグラフ（各有名作家の設計になるアパート小住宅等）
☆住宅細部《デテイル》の研究（窓、ドア、間仕切り、台所、戸棚、抽斗、新しい家具、照明、食器器具、カーテンの工夫等）
☆乾式構造について（新しい建築）
☆材料の問題（外壁、塗料、木材、床材料、ガラス、屋根）
☆プランニングの問題（採光、通風等）
☆煖房、換気、照明の問題
☆附属品の問題（戸締りの金物、クッションのバネ、敷物の良否等）
☆温室のとりいれ方、庭、ポーチ、テラスの美
☆寝室、子供部屋、バスルーム、台所、主婦室の設備

☆住宅の単純化の美

前半の十日間の毎日は、作家訪問、その住宅作品の撮影、そして口述筆記、というような走りまわりが続き、後半は、ほとんど家で坐り込んで原稿の整理に没頭した。

印刷は、全部グラビア印刷で、私にとってははじめての印刷技術であったし、また、レイアウトもまったく素人であった。この時、印刷所への指定からネーム（解説）指定まで、親切に教えてくれたのが、中村編集長であったたし、とくに私の仕事の進行をたすけ、印刷所に夜十時であろうが十一時であろうが、車をまわして案内してくれたのが、宇田川さんというグラビア印刷の主人であった。

なお、この間、最も親身になって心配してくれたのが、田村氏だったが、口下手な彼が、忠告と心配の交った表情で、私にいった言葉は、「馬鹿な仕事をするな、身体をこわさなければみっけものだが……」と、そして、最後には、彼の一番苦手な食事の世話までしてくれたのである。

ついに私は、最後の追込みには、三日三晩一睡もしないでがんばった。新原稿を渡す、印刷所から校正が出る……という具合で、坐りどおしで一とおり新原稿を渡し終った時には、さすがに足腰がたたなかったのである。

しかし、足腰がたたなかろうが、私にはもう一つ大変な責任があった。

それは、印刷所に渡す前に、話をしてくれた先生方に、まとめた原稿の校閲をうけることであった。中には、原稿であるいは初校で目をとおしてもらった先生もあったが、時間が切迫してゆくにつれ、中には初校さえ見せられない先生もできてしまった。

私は苦しんだ。なかでも、とくに堀口捨巳先生の「庭、ポーチ、テラスの美」の初校は、あまりにも訂正がおおく、印刷所では、この原稿を訂正していては到底間に合わない、という、私は、堀口先生に了解を得るために、ふらふらな身体をおして先生を訪ねた。

それは、建築学会の集会の席であった。先生の言葉は、「それでは私の原稿をそっくり削除して下さい」と、いったまま、とりつくしまもないのである。私は泣いた。もう私の力ではどうにもならない問題であるし、先生の部分だけ削除したのでは、全部が水の泡になってしまうのである。私は、ただ、学会の控室にうずくまって泣いた。その時、山脇巌先生その他、私のこの別冊のために骨折って下さった二、三人の先生方がみえた。そして、あわれな私をなぐさめて下さると同時に、先生方の親切な助言によって、やっと堀口先生の気持はほころびていったのである。

現在考えてみると、この別冊ほど、私のその頃のとぼしい力、全精力をなげ出してかかった仕事はなかったと思う。それだけに、未熟な者が無理をした結果が、でき上った本の中に、あるいは校正のミスとしてあちこちにみられたのである。

もちろん完全なものでないが、このラセンとじのうすい、貧弱な本は、私にとってまったく貴重な経験として、いつまでも私の頭の中に残るだろう。

この仕事がきっかけになって、その一年後には、婦人画報の編集部員に招かれた。

婦人画報に入ったとたんから、私が今後しなければならない具体的な仕事は、これだな、と思ったことがある。

それは、婦人画報の内容のすべてが、婦人の服飾デザイン全般および、婦人のための新しい生活様式という、主として衣食住を対象にした造形感覚面の教養雑誌であったということも大きな原因であったが、女である私の仕事としては、服飾に関する仕事が、最も適切ではないか、と思ったのである。

今まで何度か、建築あるいは、インテリア・デザインの仕事に魅了され、いつかは、自分の才能がゆるす限り、もっと突込んで、その関係の技術者にまでもなりたい、と希望していたのであったが、たかが画学生のささやかな下地という貧しい経験であってみれば、また、貧困な自分の才能では到底およびもつかないことである、と考えていたのである。

そうしたことと比較すると、衣の問題は、婦人の最も身近な、しかも、建築などの造形的なものと同じように、「生活をよりよくする形」の問題として考えられるのではなかろうか。

昭和九年頃に、「あなたは、ドレス・デザイナーになりませんか」と伊東茂平氏にすすめられたこともあったが、婦人画報に入った、この時に考えたことは、けっしてドレス・デザイナーとしての作家になろうと思ったのではないのである。つまり、雑誌をとおしてのジャーナリズムの面から、衣服による生活改善のお手伝いをするのが、私の仕事ではないだろうか、と気がついたのである。

作家としてより、蔭で働く衣生活のためのよき編集者としての仕事である。

今後の日本女性の解放は、まず、合理的な内容をもった衣食住の確保であり、無駄なきものの着方だけでも改善されてゆけば、それにともなって、食も住も改良されてゆくのではなかろうか。そして、家事上の問題がよりよくなってゆけば、女性の職業進出の契機ともなってゆく……。

母や姉によって教えられた新しい女性に、しかも、自分一人だけでなく、できるだけ多くの人が新しい女性になるための、下づみの仕事こそ、私に最も適切な、最も性格にあう仕事ではないかと考えたのである。

いずれにしても私が編集部に入った途端に、私の目の前には、服飾に関する編集の仕事が山と積まれていたのである。

この頃の婦人画報の編集部員は、中村編集長のほか、若い男性が二人、一人は後に詩人になった故草野天平氏(心平氏の弟)、もう一人は、現在も婦人画報にいる熊井戸立雄氏、いずれも二十代そこそこの人だった。その他の女性一人は、故牧のぶ子氏（後半は、山野愛子氏の秘書岡本のぶ子氏）で、合計五人であった。この小人数の編集者たちは、厳密な編集会議をして、編集長および営業部の指示によって動くのでなく、おのおのの分担を各人のプランでまとめてゆく、という、いたって自由なお互いの意志を尊重しあってゆく明るいグループであった。それだけにおのおのは才能も持っていたし、責任感も強かった。

入社した直後に、この「活版の八頁を、あなたの自由なプランによってまとめてごらんなさい」と編集長にいわれた。そしてレイアウトもプランもネームも全部頭から任せてしまうこうしたやり方にでられると、それだけに緊張して責任を感じるのである。私は夢中で仕事をした。そして、私がまとめたその頁のネームを、中村編集長にみせた。その時の彼の言葉が、今もって私の頭の底に残っているのである。「雑誌に限らないが、原稿というものは、一人よがりの自分のせまい角度で書くものではないし、飾った美文は必要ない。つまり、最も素直な気持でかいた、しかも無駄のない文章がいいのだ。婦人画報の読者は、いわばインテリ階級の婦人がおおいというが、まあ、中学の一、二年生の人が理解できるような文章をかくと思ってかけばよいと思う。とくに、グラフのネームは、骨になる本論を、感覚的に端的にかくところにむずかしさがある」と。

入社当時は伊東茂平氏以外の服飾デザイナーはよく知らなかったので、私の立てるプランは、往々にして服飾以外のグラフィック・デザイナーや画家、舞台装置家、建築家などに、今後の新しい服飾についての意見をもらったり、原稿を依頼したりした。

その一つとして、記憶しているもののなかに、亀倉雄策氏に「エプロンのデザイン」を依頼したことや、次のような顔ぶれの数頁にわたるグラフを思いだす。昭和十三年の十月号のトップ頁には、「新しい日本服」と題して、吉田謙吉、伊藤熹朔、山本武夫、橋本徹郎、河野鷹思、藤田嗣治、花柳寿美などの諸氏のデザインが、カットや実物制作の写真ででている。当時としては、ずいぶん時代にさきがけたプランであり、思いきった執筆者だったように思う。

入社半年の後、私の分担は増えた。

婦人画報本誌では、アート八頁、グラビア八頁ないし十六頁、活版三十二頁という大量のものだった。その他、年四回の季刊誌、あるいは年六回発行の別冊二冊がある。それは、スタイル・ブックの草分けといわれている『婦人画報スタイル・ブック』と『洋装クラブ』であった。

前者は、高度な、主として海外モードの紹介で、解説は伊東茂平氏が主に担当していた。後者は、地方の大衆むきのスタイル・ブックで、その頃、高島屋のドレス・デザイナーであった、ドロシー・エドガース女史の解説であった。

こうした大量の仕事をかかえてはいたが、この二冊のスタイル・ブックが、あまりにも海外の直訳ものでありすぎたので、なんとかして「日本人のためのスタイル・ブック」「日本版ヴォーグ」といった内容のものを発行したいという希望が起ってきた。そこでまたまた、昭和十四年のはじめから『洋装シルエット』が加わることになった。

総グラビアの大版（アサヒグラフの大きさ）で、年六回発行。内容は、日本人がデザインしたトップ・モード、和服地でつくったドレス、優秀な既製服の紹介などであった。

この頃はファッション・モデルという職業はなかったので、知りあいの令嬢や奥さんや喫茶店のマダムなどを使って撮影をしていた。たびたび使われる人は月に二、三十円の収入になっていたようである。これらのモデルを使って、一流カメラマン、土門拳、杉山吉良、光墨弘、田村茂らの力作を掲載し、定価は五十銭であった。（その当時の婦人画報本誌は一円であった。）

その昭和十四年頃の西欧のトップ・モードは、どんな傾向にあったかのべてみると、この年の秋のパリス・オープニングは、「お祖母さん時代の流行〝十八吋のウエストの再来〟」を予言している。そして、パリで新しく発案されたコルセットは、「軽くて柔かい。これこそ、これから皆様にお伝えする巴里最新のシルエットの鍵となるであろう……」などといっている。

その頃のシルエットは、この細いウェストに対して、モリヌウの大きなフープ・スカートは、(はりのある裾のひらいたスカート)または、スキャパレリー(女流デザイナー)のチューヴ風のロング・トルソーの上衣(長い丈の上衣)にストレート・スカートなど。とくにスキャパレリーは、世界に話題を投げたウインザー公夫人シンプソンのドレス(えび模様のイヴニング)のデザインをした作家で、多分に、その頃のシュール・リアリズム、アブストラクトの影響をうけ、いかなるものにも束縛されない新鋭作家である、と野田貴代氏(現在三浦僖余子氏)は述べている。

一方、第二次世界大戦のきっかけとして、ヨーロッパには動乱が起り、また、東は支那大陸にも相ついで事変がぼっ発していた時代だから、そう

モリヌウのフープスカート

スキャパレリーのデザイン

した面が服装にもあらわれてきていた。例えば「組紐が宝石にかわった」といって軍人がつかう金モールのような組紐がアクセサリーにつかわれたり、毛皮のトリミング（部分的に使うこと）がいかつく使われたり、いかり肩のシルエット、鋭いトーク帽など、軍国調のふんいきが、ひしひしと服飾の面にもただよってきている。

　しかし、これらの西欧の流行は、極端には日本人に影響してはいなかったが、なんといっても固い気分がただよっていた。

　例えば最もみんなが愛用していたきものは、テーラード・スーツであり、羽根のついたトーク帽、およびソフト型、そしてシャツウェスト・ドレス、などであった。また戦時にむかう国家体制として、あらゆる面に統制という制約された状態

ソフト型の帽子とトーク帽（右）

組紐のデザイン

テーラード・スーツ

があらわれてきた。

この別冊『洋装シルエット』昭和十四年冬の号、「日本の街頭スナップ」の写真グラフの中には、次のような奇妙な前書きが見られる――「グリーンが流行するといっても、何から何までグリーンにしたら、原料がなくなる世の中です……」と。

統制は、その後ますますはげしくなり、数年後には、陸軍報道部の連中が、婦人画報の編集プランにまでとやかく口をはさみ、ひどい時は、編集会議にまで列席したことさえあった。

婦人画報での私の編集の仕事は、あしかけ約五年間つづいた。その間の洋裁関係の主だった執筆者は、次の通りである。伊東茂平氏、田中千代氏、宮崎直江氏、ドロシー・エドガース氏、マス・ケート氏、野田貴代氏、国方澄子氏、長倉総子氏、マダム・上田（バレリーナ谷桃子氏のお母さん）、伊東屋の谷長二氏、マリヨン洋裁店の越水金治氏、ミラテスの奥光次氏、クローバー洋裁店の小沢静江氏、大河内洋装店の谷島直蔵氏、松崎喜之助氏、帽子の岡田全弘氏、筒井光康氏、生地関係では木村四郎氏、美容のマヤ・片岡氏らであった。

サービス・ステーションの構想

私が婦人画報の編集部で、最も熱の上っていた、昭和十五年のはじめ頃には、誌上で読者に呼びかけるだけでは物足りなくなっていた。つまり、なにかの方法で、読者により接近する。例えば、講習会にしろ、展示会にしろ、行動的な実際的な催しやサービスによって、本当に読者に役立つことをしなければならないと考えだしたのである。

そこでまず、誌上を通じて通信販売の企画をたてたのであった。

もちろん、私が考えるまでもなく、婦人画報代理部というものがあって、化粧品や真夏の簡単服および布製のサンダル・シューズなどの販売はされていた。

とくに、夏の簡単服は、私が編集部に入るずっと以前の昭和十一年の夏には、次のような文章で、読者に呼びかけている。「一円のハウス・ドレス、アラモードのスタイル。アッパッパだって、デパートで買えば三円する。もっと高級なハウス・ドレスが生地も柄もスタイルも、断然高級でたった一円。だまされたと思って買ってごらんなさい。きっと三枚も四枚もほしくなる。洗濯は保証つき」

私の通信販売は、生地の切売販売と通勤用のジャケットのイージー・オーダーであった。

まず、昭和十五年の三月号から、春の生地と仕立の通信販売の予告を出した。つまり、生地見本の写真と値段を掲載する、と同時に、通勤用の便利な上衣のデザイン、ボックス・ジャケットとカーディガン・ジャケットの二点を実際に作製したものを写真に出すと同時に、採寸のしかたをだす、そして、この生地でこのデザインを、という具合に読者から注文をとる。あるいは、生地だけ何ヤールほしい、というように、読者の希望をとったのである。こうして誌上で紹介した以上は、数十ヤール、あるいは数反の生地の仕入れが必要であるのだが、その当時の婦人画報の経済では、ストック品の購入は不可能であった。そこで、読者から注文があると、大井のカネボウの倉庫に、この生地を五ヤール、この生地を二・五ヤール、といった具合に、切って貰いにいかなければならないのである。私はひとりでこの仕事をした。

その当時の私の記憶では、春もので一番読者に評判がよかったのは、アンゴラ入りの中肉ウールで、W巾一米六円九十銭（市価より安い）の紺あるいはローズの無地の生地だったと思う。仕立の方の受持ちは、その当時、イトウ洋裁仕立部にいた、小堀外志子氏（現在は大場外志子氏）であった。

私が、編集の仕事のあい間に、この通信販売の仕事で走りまわっていると、みんなに「物好きも程がある」といわれたものだ。

しかし、私としては、具体的な読者へのサービスと考えていたし、第一、口絵でトップモードを紹介する、あるいは縫方を説明をする、というより、便利なよいデザインのものを着せてしまう……ということが、一番てっとりばやい衣生活改善の方法の一つであると考えていたし、第一読者に対して親切であるという、熱意より他になにものもなかったのである。

こうしたささやかではあるが、この代理部の仕事は、私の行動的な面の一つの仕事として、私の気持のはけ口となり、大変たのしかったのである。しかし、この通信販売も、だんだんと統制で生地も思うようにならなくなったので、この年の夏生地と、秋の生地をあつかっただけの約一カ年間の寿命で終ったのである。

通信販売春秋のデザイン

なお、本当をいうと私は、こんな小さな仕事でなく、もっと膨大なプランで頭がいっぱいであったのである。これはおそらく、とくにその当時、だれに話したところで一笑にふされてしまうことも事実であるし、また、実現しそうもないプランだったといえる。

それは、婦人画報サービス・ステーション設立プランである。

私の構想はこうである。ビルディングの一階はもちろん、二階、三階をつかう。

ウインドウには、一流のドレス・デザイナーや、インテリア・デザイナーの人たちによる新しいデザインが毎日飾られる。そして、ことしの流行色は、ことしのシルエットは等々、あるいは機能的な台所家具や調度がならぶのである。次にいくつ

通信販売夏のデザイン

か区切られた室を、服装相談、住宅相談につかう。服装相談といっても、またその中で別けられる。例えば、子供服からジュニアまでの服装、二十代から三十代までの職業婦人の服装、三十代四十代の家庭婦人の服装、男子服一切の服装相談など。そして、各部に、その対象に応じて得意なデザイナーがその相談に応じる。もちろん、毎日とはいわないが、何曜日の何時から何時までは、何々先生、という具合に掲示する。

一方、家を建てる人の相談、新築、あるいは改造の相談、そして、その中の設備の相談など、同じく一流の専門家がこれを担当する。つまり、いわば、生活全般のサービス・ステーションである。

なお、この相談の結果、生地の購入とか仕立の依頼とか、本格的な住宅の設計、設備におよんでは、一流の信用あるメーカーに橋渡しをする……などという、生活の形を機能的にする実際的なガイドの仕事である。

『婦人画報サービス・ステーション……』『婦人画報サービス・ステーション……』という構想が、この当時の私の夢の中にまで現われたのである。全く大それたプランとは知りながら……。

つぎに、もう一つ、行動的だった私の構想として、『働くための婦人服装展』というのがあった。

昭和十五、六年といえば、世界はすでに第二次大戦の渦中にあり、日本の国内も、一路、国家総動員、戦時下耐乏体制に向ってすすんでいたのだが、お国のため、上御一人のために、男子は戦場に、女子は銃後を護れ、というわけで、とくに女性の職場への進出ということがやかましくいわれていた。また事実、一般的に、働く女性の数もぐっとふえてきていた。十六年二月号の婦人画報は、「職場婦人の教養」、「働く女性の智恵」といった見出しで、阿部静枝、清水幾太郎氏その他の文をのせ、宮本百合子氏の文で「働く婦人の歌声」というグラフも掲載している。

こうした状勢に応ずるように、当時の服飾研究家も、「和服の改良運動」「なぎなた袖の二部形式のきもの」「美しいモンペの提案」「最も機能的なズボン・スタイル」などの新スタイルを発表して、婦人画報本誌の口絵をにぎわしたものであった。

また、佐野繁次郎氏の企画であり、花森安治氏の編集になる『女の生活』(生活社刊)というスタイル・ブックふうの本が出たのも、この頃であった。

「女は日本の半分です……女もずっと知的に、科学的にならねば……女は、女の側から『女の生活』を考え、そして日本の力になりましょう……」といった広告で、風呂敷を帯にしたり、実用的な「女の身だしなみ」を内容にもりこんであった。たしか、「暮し」という言葉がこういうふうに使われたのは、これが初めだったように思う。いわば、この本は女の身だしなみ、すなわち、伝統の和服を新しく着る、という西欧趣味に対する、この時代の着こなしの方向の一つを示したものといえる。

なお、「機能的な服」という観点から、伊東茂平氏の「用途目的による構造の分析」という婦人画報の連載の論文や、国民服についてのつぎの彼の言葉などに大いに動かされたのであった。

「女の子の校服まで国防色にするなんてばかげている……国防色といっても、黄味のかかった明るい色だったら、女の子にも着られるし、お白粉をつけない真黒な顔にもよく調和する……無理に着せた結果の精神的悪影響はおそろしい……シャツやジャンパーに、ズボン一本を用意すれば、絶対機能的な装いに切換えられる……」

これは、「日本の伝統的な和服にかえれ」という、当時の傾向に対して、西欧の機能的なきものを提唱した言葉として興味がある。

なお、服飾の史的研究家中村光甫氏と伊東茂平氏の「服装の昔噺とこれからの問題」というテーマの対談（昭和十六年二月号）など、共にこの時代の社会状勢と服装の問題の連関を如実に物語っている。

このような周囲の状態のなかで、私の当時の気持をのべれば、女は女らしい着物に帰るというよりは、やはり、より活動的に働くという観点に結びつけたかったし、それにともなって、きものの問題も、統制うんぬんでなく、はっきりとした合理性のもとに示したかった。そして誌上の企画ばかりでなく、それを行動に移したいとも考えたのである。

そこで、私は、『働くための婦人服装展』の開催を、なんとかして実現しようと思った。会場は銀座の松屋、ということで、宣伝部に話したところ、「これはいい企画だ」といって大いに賛成してくれたのである。

この当時、この企画に全面的に協力してくれたのが編集部の熊井戸氏で、二人は、編集の仕事の合間合間に、展覧会の構想の具体案をたてては、あちこちとかけずり廻った。そして、百坪に近い会場、壁面の構成、日本西欧の働くきものの実態、$\frac{1}{4}$の模型の人形をだれに作らせて、どうならべるかなど、内容からディスプレーまで、できるかぎりの知恵をしぼって、交渉し、まとめようとしたのである。私の記憶では、亀倉雄策氏にディスプレーの相談をもちかけたようにおぼえている。ところが、現在とちがって、きものをみせるための人形もないし、きものを作るためのメーカーからの生地の提供ものぞめないし、具体化してゆけばゆく程、膨大な費用がかかることに気がつきだしたのである。

ところが、すでに、昭和十六年二月号の画報には、厚生省・大政翼賛会後援、婦人画報社『働くための婦人服装展』銀座松屋にて陽春四月開催という広告が出てしまっているし、デパート側の案内ちらしも出来てしまった。

しかしながら、ついにこれは、寸前のところで実行不可能におわってしまった。

今でも、夢のように私の頭の中に浮んでくるのは、松屋の屋上からおろした、『婦人画報主催働くための婦人服装展』とかかれた長い布が、その頃の銀座マンの頭上でゆれているような風景である。それほど、たった二人だけの若い実行委員が、無我夢中でやった企画であり、ほほえましい失敗談であったのである。

こうした大それた企画をたてたのと平行して、私は、当時の婦人の和洋服の二重生活の状態、衣服の枚数の問題を調査によって正確につかみたいと思った。そこで、日本の織物・衣裳の研究家故田中俊雄氏に『現代女性の服装調査』（婦人画報昭和十六年七、八、九月号）を依頼した。この調査は、今から考えても、なかなか本格的な調査であったと思う。

職業婦人のための洋装店

昭和十六年のはじめの頃から、私は、雑誌を通じてみた服飾界というか、その頃の洋装店あるいは洋裁学校の方針が、特権階級の人たちの仕立屋さんであり、良家のお嬢さんのための洋裁学校であることがわかってきた。

その頃の銀座や麴町の一流洋装店のお客様の大半は、華族や大資本家の有閑マダムであり令嬢であった。例えば、一着の紺ウールの街着のスーツと、その中に着るピンクのブラウスを作るとすると、それに、ピンクのフェルトの帽子と、ピンクのスェードの靴と手袋を必らずあわせて作る……という、たしかによい趣味のものであるかもしれないが、一般の職業婦人にはとうてい手のとどかない高価なものであった。

また、その頃、ダンス・パーティーや仮装舞踏会などが、特殊な人たちの間で盛大に行われたようだ。それに着るために、ある洋装店で作った何々令嬢のきるイヴニングをみせて貰ったが、それは、まったく本格的なもので、現在のカクテル・ドレスなどとは比較にならないゴージャス（豪奢）なものであった。

また、洋裁学校に入る人は、それ相応の良家のお嬢さんで、専門家になるための勉強でなく、お嫁入りまえの自分の準備のための勉強であったようだ。

　婦人画報という雑誌の読者層が、そもそもこうした貴族的なマダムや令嬢相手の雑誌ということは知ってはいたが、この頃になって、だんだん私の考え方が、これらの階級のためでなくて、一般の家庭、職業婦人のための仕事をしたい、という意向にはっきりと定ってきたのである。

　とくに、お勤めのためのきものは、どうして作られ着られてゆくか考えてみると、これこそ、私がしなければならない大きなしかも具体的な仕事ではないか、と思いだしたのである。

　昭和十六年の半ばあたりから、次の仕事の準備をした。そして、ついに昭和十七年の半ば頃に、婦人画報社を辞して、働く婦人のためのスポーティーなきものの店『桑沢服装工房』を開店したのであった。

　開店するにあたっての準備のため、婦人画報に席がある頃から、芝のイトウ洋裁研究所の生徒の一員となって、仕事の合間合間に通ったのである。伊東茂平氏の好意で、月謝免除というところで、六カ月、それも休み休み製図の勉強をさせて貰ったのである。その時伊東氏の「今ごろになって勉強するの?」……といった言葉と、昭和九年に彼が、デザイナーにならないか……といった言葉をあわせて考えてみればわかるが、彼の言葉には、あの時から勉強しておけばよいのに……という意味が含まれていたのである。

しかし、この店を持った時でもそうだったが、自分としては、店は持ったものの、一個の洋裁店のドレス・メーカーとしておさまってしまおう……などとは、夢にも考えていなかったのである。

私としては、なんとかして、より具体的な仕事として、働く人のための優秀な既製服の実現に、また、注文服であっても、特殊な階級でない、一般のその辺の人が、心おきなく服装の相談にきて、安価な便利な洋服を作る店を、自分の気のすむまでやってみたかったのである。

一方私は、まだ婦人画報サービス・ステーションの理想がすてられなかった。前述の大きな構想までゆかなくても、私の小さな店でささやかに、愛情をこめて接してきた婦人画報の読者にも、より親しく接したかったのである。そこで、柳沼社長に、サービス・ステーション、あるいは、婦人画報サービス部の名前を頂戴したいむねを述べた。しかし、社長は、断固としてことわった。

私の小さい店は、田村茂氏と私の住い兼写真の仕事場のすぐ近くの銀座西二丁目の通りであった。間口二間の上下十八坪の可愛らしい店で、その以前は、当時の二科の画家であり建築家である橋本徹郎氏の持っていた建築事務所をそっくり譲って貰った。そのため、電話、営業用家具その他改造費用一切非常に安価にすんだ。店のつくりは、一間半のウィンドウと半間のガラスのドアーで、ガラスの立出し看板とドアーには、亀倉雄策氏にデザインして貰ったマークを入れた。

私の記憶では、少量の生地の仕入れも入れて千数百円程度だったと思う。この資金はもちろん全部借金であり、この借金は、戦災のあとの火災保険金で返済をすませた。

なお、この店の開店を契機として、大正時代に洋裁店を開店した次女の姉に手伝って貰った。大体私の経歴から考えても、目でみる感覚的な訓練はある程度できていても、裁断、縫製という完全な技術面になると、心細いのは当然である。その点、この姉の援助は大変心強かった。しかし、いざ技術的な仕事で商売し、世間にものをいってゆく段になると、ちょっとばかりの感覚のよさや知識では心細いし、本物になれない。そう感じたので、開店後も引きつづき、イトウ洋裁の時の担任教師であり、現在、名古屋にいる加藤代志先生に、店まで出張して貰って勉強した。また、姉も大正時代から洋裁は特技であったといっても、より本格的な縫製、高度な技術の勉強のため、イトウ洋裁の夜学に通い、あるいは男職人について勉強してくれたのである。

こうした小さい洋装店での仕事は、戦災でやけるまで丸二年半つづいた。そして、その間の型紙の研究は私にとって大変面白かった。面白いというより、学校で教わった製図法で裁断したものを、いろいろな体型の人に着せてゆくうちに、あまりにも狂いがでてきて、仮縫に大変暇がかかるので、それをいろんな角度で原因をたしかめたり、統計をとったりして、なんとかその不合理さを解決しようと頭を突込んだのである。そのうちにだんだんと製図の理論なるものが面白くなってきたのである。

私がその店で最も作りたかった商品は、職業婦人むきのたのしいシャツ・ブラウスと堅実なスーツであった。そして特にシャツなどは、少なくも数ダース作って、単価が安くなるようにしたかった。したがって型紙も、仮縫なしで大体の人が着られるように研究した。

だんだん第二次大戦が激しくなってきた、昭和十七年の暮から十八年のなかばには、職業婦人むきの最も必要な木綿やウールの生産がとまってしまった。そのため、大量に作って売る既製品の営業方針はくずれていった。その頃の生地は、木綿に代るものとして、平絹のスパン・シルク（パジャマにつかう先染の実用的な絹）や絹サージ、あるいは、ウールに代る絹のホームスパン、その他、落毛とスフをまぜたようなざくざくした生地などであった。

いずれにしても、戦争の気運が濃くなった頃の私の店の仕事は、新しい生地の仕入れもまったく不可能となり、ほとんどお客が持ってくるインパネスやセイラー服の廃品更生ばかりになってきた。インパネスでオーバー・コートをあるいはスーツを、セイラー服で、リバーシブル（両面着られる）・ジャンパーとスカートを、何着作ったか、いま考えてみてもわからない程おおかった。

昭和十八年の九月号の婦人画報本誌に、「更生品で整えた若い人の基本服装」という実物作品

（カット参照）を、はじめて私の名前で発表したのである。その内容は、まったくのオーソドックスな機能的な日常着であり、その組合せであったといえるし、現在までを通じて一貫した私の職業婦人のよそおいに対しての意見がにじんでいた、といえるし、また、これがデザイナーとしてのはじめての誌上発表であったわけである。

中日戦争、太平洋戦争と、戦争の規模が拡大するにつれて、日本の経済は、極度に貧窮化していったし、この影響は、遠慮会釈なく大衆の生活を脅かした。

昭和十九年の一月には、田村氏が陸軍報道班員として、ビルマにゆくことになった。

ちょうどその頃から、衣料切符の制度が全面的に施行されるようになり、店の経営もやりにくく

カーディガン

リバーシブル・ジャケット

わたしの最初に発表したデザイン

なってきた。ズボンはモンペとともに、みんなの必需品になってきた。十九年には、私の店でもほとんどズボンとジャンバー、あるいはオーバーオールを作った。もちろん廃品更生で、できるだけ丈夫に、そして安価に作ってあげた。この頃の他の銀座の洋装店、とくに高級一流洋装店は闇《やみ》の生地を取扱った、というので家宅捜索があり、べらぼうな税金がかかったときいた。また、洋裁学校、とくに派手な洋裁学校やおしゃれ雑誌は弾圧されるときいて、戦戦恐恐たるものであった。もちろん、閉鎖した学校も雑誌社もあったが、名を新しくして、つづけてゆく雑誌も学校もあった。婦人画報は『戦時女性』となってつづけられた。

　今考えてみるとおかしいようなものだが、欧米の言葉はまかりならぬ……とあって、スカートを

縞のセルの長袖シャツとスカート

白のシャツとスカート

袴、ブラウスを中衣、ポケットを物入れ、ボタンを掛け具、洋裁学校を衣服あるいは服装学校等々、関係者は、外国語を一切つかわずに神妙にしていたのであった。

私の店は、こんな中で、まったくの実用的な地味な店であったから人の目にもつかず、それだけに流動資金もなく、廃品更生ばかりで売上げが少なく、税金も最低であった。

田村氏は、十九年の末に帰ってきた、そして、二軒の銀座の住いと店が戦災でやけた時には、まったくの裸で、商売をしていた、というのは名ばかりで、なに一つ残らなかった。残ったのは、姉と二人で少しずつ買って集めておいたボタンが、新潟の疎開地に大切にしまわれていたのであった。

戦後のわたし

服装相談から教壇へ

戦争中は、縫娘たちや写真の方の助手を家庭に帰して、田村茂氏と私と、銀座の二軒の家を一軒ずつまもっていた。二十年のはじめには、女は疎開しろ、というので、私も田村氏からさんざんすすめられたが、子供もないし、最後まで銀座にとどまりたかった。しかし、田村氏の親戚の新潟のお寺から、部屋がとってあるからというので、東京の私の姉（四女）の娘（当時小学校二年）を連れてゆく予定になっていた。

しかし、都会からなかなか足が離れなかった。そして、ついに疎開する前の三月十九日の大空襲で田村氏の写真の工房は焼けるし、四月二十五日の空襲には私の方の店が焼けてしまった。そして、一時姉や妹のいる目黒の三谷町に難を逃れて、四月二十八日に、私の疎開の運びとなったのである。

私は、田村氏に送られることになって、リュック一つずつをしょって、目黒の三谷町から上野駅まで二人で歩いたのである。まだ、ところどころ焼けくすぶっている大都会を、祐天寺から、高樹町の赤十字病院をとおって、六本木から溜池、日比谷、八重州口、そして神田から上野まで、あの建物も焼けた、東京駅の屋根もおちたなどと、あまりにも大きい被害に啞然としながら歩きつづけた。

まだ、日本は負けるとは思っていなかったし、死傷者がどの程度かもわからなかった。私は、戦争が終って日本が勝ったあかつきの大都会の復興ぶりさえ頭に浮んできた。つまりつぎの機能的な素晴しい都市計画に、そして、その結果の今までの封建的な不合理な住居や衣生活の改善に、私の心は引きしまる思いであった。

そして、私は、新潟の飯山鉄道の真中の山奥のお寺に、たった一人（あとから姪や姉が加わった）とり残されたのであった。私は、そこではじめて農家の生活や労働をみたし、また農繁期の託児所の手伝いもした。

そこの農村では、小学校の先生とお寺の坊さんが、村中で一番のインテリであったため、なにかとお寺には学校の教師がたずねたり、集会があったりした。また、寺の主婦が婦人会の会長だったため、農家のおっかさんやねえさんが野良仕事が終った夜、ちょうちんをさげて、「おばんでございます」と集ってきた。私も東京の奥さんという形で、集会のメンバーの一人にされた。

話題は、戦争のこと、燈火管制のこと、物資のこと、防空演習のことなどであった。なにしろ山奥のことなので、燈火管制や防空訓練などは、私がすでに銀座でしてきたことを、ぽつぽつ実行しようとしている状態であって、いたって呑気なものだった。また、米の産地である新潟であり、白米が自由に食べられる農家の人たちであったので、都会よりははるかにめぐまれた戦時生活であった。

しかし、このお米の豊富な土地でもだんだんと代用食がはじまり、毎日寺に集って顔をつき合せ、日本の勝敗云々に寺のインテリたちは話の花をさかせた。

この農村で、私は八月十五日を迎えたのである。

その日は、正午から天皇の放送があるというので、村の人たちが、集ってきた。ラジオは雑音が入って、最後まで何をいっているのか聞きとれなかった。ラジオをとりまいて聞いていた村の人々は、なにがなんだかわからぬままに、日本が勝ったと信じこんでしまった。

その翌日だったか、翌々日だったか、記憶はたしかでないが、東京から田村氏がやってきた。彼をかこんで、私たちは初めて、日本の敗戦を知った。

寺に集った人々にとって、夢想だにしなかった日本の敗北は、簡単には心になじまなかった。しかし、東京から帰った田村氏の生々しい報告は、皆の心にだんだんと、みじめな敗北を実感させるようだった。村長や、校長や、若い先生たちは、それぞれに、いいあった。アメリカに対する怒りの言葉や、日本の軍部に対する憤りやが、つぎつぎと語られた。しかし、話はいつか、ひとりびとりの個人的な嘆きに変っていくようだった。私は、明確にこの時に交されたことばのひとつびとつを思いだせない。しかし、全体としては、何か、個人的な憤満や、逆に冷静な、軍部批判やが、一座を支配していたようだった。

そのとき、私は、この言葉だけが、ハッキリと想いだせるのだが、若いインテリで、なかなかに美貌な、少し生意気な物言いをする娘が、この座の空気にきつく反パツするように、「私たちは、日本が勝つまでと思って、今までこんなに働いてきたのに」といって、泣きだした。たしかにそうにはちがいないが、その時の彼女のあまりにも感情的な傍若無人な態度に、私は憤然とした。何をこの子はいっているのだろう。戦争の目的を自分だけがよく知っていて、そのために自分たちだけが苦労していたのだという考え方、戦場や、空襲で、むごたらしく死んでいった人たちや、家も兄弟も失った人たちが、どれだけたくさんいるかわからない。こういうことに少しも思いをいたさないで、自分だけのことにかかずらう態度に怒りを感じた。

このような感慨は、けっしてこのときだけではなかった。都会へ帰ってきて、隣人や、知人の間でも、たびたびもったものだった。

敗戦というようなきびしい現実のまえであらわになる、なまな人間の執念や、エゴイズムや、思いあがった若いインテリの態度やを私は哀しい気持でながめた。いつもそういう場合、私はこうした人たちの言葉や行動のそとにいて、傍観するようなところに身を置いていた。

その後、すぐにアメリカ兵の進駐ということで、この村でも大騒ぎがはじまった。財産を蔵の中の地中にうめようとか、アメリカ兵は、まず女をもとめるから、女は男装しろとか、また、戦時中は疎開しなかった都会の親戚から、アメリカ兵がくるから娘をあずかってくれとか、それこそ、終戦の報道があったとき以上に、大騒ぎであった。

私は二十年の十一月に帰京し、目黒の三谷町に住むようになった。

昭和二十一年に入って、戦争から解放された直後の出版社は、外国の流行誌のまったくとだえた機会に乗じて、服飾デザインの記事あるいはスタイル・ブックの発行をいそいだ。

とくに婦人画報社は、服飾方面では、戦前から長い歴史と実力をもっていたので、いの一番に服飾記事を本誌に掲載しだしたし、スタイル・ブックも復刊した。そして、私にも原稿の依頼があった。当然、私としては、生れ故郷のような婦人画報であり、戦前の洋装店の経験で、いささかなりとも服飾技術も獲得した後ではあるし、編集部の依頼に快く応じて、しばしば執筆するようになった。『アメリカンスタイル・ブック』というアメリカのデザインの丸うつしの大版のスタイル・ブックがでたのもこの頃であった。

この頃の流行は、世界をあげての物資不足から、アメリカでも裾巾を制限した程、服装のシルエットが、非常に小じんまりとしてきて、できるだけ少ない布で作られるようなデザインになってきた。キャップ・スリーブ（短かい身頃から裁出しの袖）やキモノ・スリーブという、ごく簡単な袖が流行したのもこの頃からだった。しかし、スカートも身頃も少ない布で作ったのでは、なんといっても貧弱になるし、また、戦前のテーラードな、いかり肩の名残りもあって、この小さいキャップ袖に、高々と肩パッド（つめもの）を入れる技巧が流行していた。

今考えてみると、欧米では戦時中から、これらのシルエットは段階をふんで着られてきたのだろうが、日本では、モンペやズボンのよそおいから、突然、天から降ってきたように、これらが流行しだしたような気がするのである。

戦後のキャップ・スリーブ

そうこうしているうちに、私としては、戦前銀座の店で経験した「製図の理論」つまり、裁断の技術を私なりに、より深く突込み、それを一般の人たちに親切に解りやすい参考誌にして公開したい、と考えるようになった。そして、編集部の了解のもとに、はじめて、桑沢式の「製図の本」を出版するはこびになった。それは、単行本形式でなく、別冊スタイル・ブック形式のもので、スタイル画は高沢圭一氏、標題も、『夏の家庭着と外出着』『冬の家庭着と外出着』という、いわば実用いってんばりの参考誌であった。その頃、日本版スタイル・ブックを発行するにあたって、いわゆる、モード画をかく画家が必要になってきた。その頃のこの種の画家は、婦人画報では、高沢圭一氏一人のような感じであった。そこで編集の竹内篤子氏と、だれかかく人がないかさがした。その頃たまたま北京から帰ってきたドレス・メーカー松崎喜之助氏の話で、間もなく素晴しいモード画家が帰ってくるから待っていなさい、彼は北京の私のところで裁断も習った人だから、おそらくあなた方の希望にそうことができる人だと断言した。

私たち二人は、待った。しかし、なかなか現われないので再三松崎氏を訪問した。そして昭和二十一年の秋にやっと現われたのが、現在の宮内裕氏であった。

昭和二十二年のはじめ頃から、婦人画報の依頼により、編集部の別室で、読者サービスのための無料服装相談をしてくれないか、というので、私は喜んで引受けた。その相談は、毎土曜日の午後だけではあったが、だんだんと知ってきた読者が、つぎつぎと増えてきた。

ところが、この相談の内容は、単なるデザイン相談や衣計画の相談ではなくて、製図の理論、実際の裁断、仮縫という、まるで洋裁学校の教室のような、技術の指導がぐんぐんふえていった。中には、オフィス・ガールで毎土曜日必らず一時から四時頃まで坐り込んでいて、デザインから製図から仮縫、そして縫い方まで教わって、約一カ月間通いとおした人もあった。また中には、ドレメ式、文化式、ミッチェル式など、製図上の根本論をもち込んで、意見をたたかわしてゆく人もあったし、また、被服専門学校の卒業間近の学生数人が、卒業論文の示唆をもとめにくるものもあった。また、就職のあっせん、身の上相談も相当なものだった。ついに、私は、土曜の午後だけでなく、夜まで延長するという日がいく日かあった。

昭和二十二年から二十三年にかけては、戦前の大きな洋裁学校はもちろんどんどん復興するし、小さい洋裁研究所が雨後のたけのこのようにでてきたのである。いわば、洋裁ブームの時代が到来したのである。

なぜ洋裁学校がこんなにまでさわがれてきたか考えてみると、戦前の女性の職業進出への刺激、それから、戦争中の学生の勤労奉仕、そして、戦時中の学生生活のブランクをとりかえす意味での女性の具体的な行動が、この洋裁学校に集中したのではないかと思う。つまり、「洋裁で独立しよう」「洋裁を職業としたい」という機運が、これらの比較的新しい女性たちの声として盛上ったのだといえないだろうか。また、一方には、とくに母親たちから刺激された一般的な女性の考え方として、「戦争でなくした服を、自分たちの手で作ってゆこう」あるいは、「結婚の準備のために」という考え方があって、この二本立ての形で、いっせいに洋裁学校に若い女性を集めていったのではないかと思えるのである。

いずれにしても、自分の服を自分で縫う程度の希望はよいとしても、一年や二年間の洋裁学校の修了者が、簡単に職業化できるだろう、……という甘い考え方の女性たちがいだく希望に対して、いつも私は返答に困った。つまり、洋裁学校の教育システムは、けっして職業人のための教育でなく、いわば、花嫁学校式の家庭裁縫の域から一歩も出ていなかったからである。

そうこうしているうちに、二十三年の春に、東横沿線の多摩川洋裁学院という、小さい塾のような学校から招聘されて、教壇にたつようになった。

私がなぜ洋裁教育にタッチするようになったか、というと、最も切実な原因は、婦人画報の服装相談室の具体化であった。相談室にくる一人一人に親切に教える、そして、長く待たせるなどの不合理さを、教室によって解決できると思ったのである。

と同時にもう一つ原因があった。それは、服装相談室にもたびたび訪ねてきた「服装文化クラブ」という、ただ、よいことをしようと考える、いわゆる進歩的な若い洋裁家のグループがあった。この会は、民主主義文化連盟のもとに、新日本文学会、カナモジカイなどと共に生れた、服装関係の団体であった。メンバーは、『働く婦人』の編集者とか、ある経済学者の妹とか、日本美術会の画家の娘とかいう、年代でいえば、戦時中女学校に在学していた若い娘さんたちであり、洋裁を一年、あるいは半年学んだ洋裁師の卵であった。

彼女たちの具体的な相談相手として、舞台衣裳作家の土方梅子氏と私があたった。彼女たちを冷静に観察すると、頭だけが焔の如く熱く燃えている。そして、どんな行動をもあえて辞さない、……という。そして、服装の角度から一般を啓蒙しようという、いかにも立派だが、技術を持たない理想主義者ばかりの集りであった。

私は、彼女たちが相談室にあらわれるたびに、技術をもって具体的なところから入ってゆかなければならない……といった。

彼女たちの行動的な仕事は、まったくの奉仕であった。まず、職場の就業時間後に洋裁の技術を教えにゆく、洋裁学校に入れない家庭婦人や戦災未亡人のために、講習会を開くなどまったく涙ぐましい努力であった。かなりあとのことであったが、農村に出かけていって、「お針子工作隊」という名前で、農家の主婦のための廃品更生や作業衣の補習のお手伝いを野宿してまでもしよう、という行動にまでいったのである。

私は、彼女たちをつくづくみていて、気持だけではいけない、より技術的なものを各自が持たなければ、机をたたく演説だけで終ってしまうのではなかろうか……と忠告した。

多摩川学院の教壇にたった動機も、こうした血気にはやる若い人たちの勉強場所とも、またその発展をも考えて、院長という、あまり私にとってはうれしくない立場におさまったのである。

もちろん、院長といっても、四千円の報酬であった。

多摩川学院の第一期の入学生は、約四十名位だったと記憶する。私が一番熱の入っている製図理論の時間はたのしかった。

その教え方は、おそらく今考えてみると、あけっぱなしの、いわば正直な先生だったようだ。つまり、簡単にいえば、疑問のところは、解らないというし、研究中のところは、研究中という、教師らしくない教師だった。また、授業日の前日に、新しい理論を自分で発見すると、すぐ翌日には黒板で教えてしまう、そして、前週に間違っていたところがあると、次にはすぐ訂正するのである。こんな権威のない教師もないものだし、また、正直すぎた教師もなかった、と思う。あとあと、その当時の生徒からきいてみたら、話が早いし、理屈の方がおおすぎて、なにがなんだかわからなかったそうである。

しかし、彼女たちの中には、私が教壇に立つのを待ちに待った連中もあったし、気持の上では、師弟ともまったく意気投合したたのしい教室であった。

洋裁教育と婦人問題

その頃、私は洋裁学校の教育については、こう考えた。「日本の実情では、職能人としての専門教育はむずかしい」と。

それでは、一般の人たちが便利に間違いのないように裁断し、縫えるような親切な方法をつくりだすべきだと考えた。私は、まず、より合理的な製図法の研究に没頭した。

一般の人たちを対象にした場合は、本当は、型紙の割出法など教えないで、アメリカのように型紙販売の方法が理想的であると思った。しかし、一種類の型紙を買う代金で、数百種のデザインと割出法ののっている洋裁雑誌が買える、という日本であってみれば、高価な型紙は買わない。また、日本人は、昔からの風習で、お裁縫を習って自分のきものを縫うというコースできているので、洋裁も自分で型紙を作って、裁って、そして縫ってゆく、というコースでないと普及しないと考えた。

そこで、その製図法はむずかしすぎないこと、また、やさしくても仮縫後訂正に苦労がおおいのでは、専門家ならいざしらず、悪い原因もつかめず、訂正する方法もわからない一般の人では、どうにも不適当だと考えた。結局私の考えた割出法は、ある程度の頭の持主なら理解できる方法であり、どんな体型の人でも割出せるものであった。もちろんある程度の失敗した個所があっても、安全に着られる、いいかえれば危険のない製図法を考えることであると思ったのである。

私は、だんだん増えてゆく生徒のタイプや体型によって、つぎつぎと製図の実験をすることができたのである。

そうこうして一年たった二十四年の春に、もう一つの洋裁学校、下谷に新校舎を建てるから、ぜひ院長になってくれとすすめられた。そして、二つの学院の院長を兼任することになった。

この学院の依頼を承諾した第一の原因は、規模が大きい上に、経営者が進歩的であって、洋裁学校教育の域にとどまらず、服飾を、より社会的な婦人の生活問題、職業問題に結びつける方向にすすめられると思ったからである。

そして数人の若い教師を引きつれて開校したのである。この若い教師は、多摩川洋裁学院の第一期生で、実は、他の洋裁学校を二年あるいは一年修了したもの、または、洋裁店で修業した後に、私の授業を一年うけた人たちなので、教師ははじめてでも、その頃としてはかなり実力のある優秀な連中であった。いずれにしても、この新しい学院は、若い彼女たちのよき勉強場所であると同時に、彼女たちの技術の職業化としてよいチャンスだったのである。

また、私は同時に、服装文化クラブのデスクもこの新しい学院においたのである。

新しい学院は、約五百名の入学者があり、若い人たちははりきって教壇に立った。また、多摩川洋裁学院の方も、小さいながらそれ相応に生徒が増えていった。

新しい下谷の学院での私の仕事は、まず、どちらかというと洋裁の技術というせまい角度で、きゅうきゅうとしている若い職員たちと、思想的に走りすぎて技術的な裏づけのない服装文化クラブの若い委員連中との二本立を、一本立にしたかったのである。そして、洋裁学院に入学する若い生徒の教育はもとより、職員や委員が学院で学んだ洋裁技術を、職場の人たちと結びつけたかったのである。具体的にいえば、若い職員も、クラブの委員も一緒になって、職場にあるいは家庭のグループに進出していかせたかったのである。そして、洋裁学院にこられない職場の人たちや、家庭婦人、とくに戦争未亡人に、洋裁技術を教えてゆくコースをとりたかったのである。

この下谷の学院での一年後には、託児所をおき、戦争未亡人や家庭婦人の内職のために、月謝なしの一教室を作りたい、という夢をえがいたのである。そして、将来は、官庁のあるいは既製服の工場までに発展できれば、と考えたのである。

しかし、新しい学院の経営者は、より営業的な政策をたてて、私たちに強硬に接してきた。私を中心にした若い職員およびクラブの委員は、断固としてたたかった。そして、ますますよい企画をたてて、積極的によい行動をした。

二十四年末から二十五年にかけて、学院での教育を完全にはたしながら、私たちが外部に対しておこなった仕事は、次の通りである。

若い職員と委員がまざって、洋裁を教えに出張していった職場は、日立の亀有工場、石川島造船所、東芝、日本電気、関東配電などであった。若い指導員たちから、時には五十名の、時には百五十名という大ぜいの職場の人たちを前に教壇に立って、どう説明し指導してよいかわからなかった……という失敗談をたびたびきくことがあった。そうした報告をきくたびに、つくづくと、指導員の教養と技術の向上のための講座をより積極的にもつ必要を感じたのである。

この新しい学院を開校する少し前からの要望であったが、この服装文化クラブの委員と一緒に、国鉄労働組合本部の婦人部の依頼で、制服をデザインしたのもこの頃であった。私たちが考えたデザインは、グレイのスフ混紡のサージで作ったジャンパー形式で、その頃としては、画期的なよいデザインであったといえる。その後二、三年を通じて、通勤、外出の際に、駅々にみられた切符きりや女車掌さんのこの制服をみるたびに、「ああこれは私たちの奉仕的な仕事の一つの記録である」と思った。

二十四年の秋に、若い職員とクラブ委員と一緒に、働く人のきもののショウを催した。まず、YWCAの講堂をかりて、中年の家庭婦人と若いオフィス・ガールの最小限のワードローブ（衣裳ダンス）という内容で、実際の家庭婦人とオフィス・ガールにきものを着せて、説明した。この衣計画のショウは、その後、川崎の公会堂で、あるいは、甲府のある百貨店のホールで、あるいは、各職場で、引きつづき公開したのである。

また、東京都内の家庭婦人のグループに呼びかけて、土方梅子氏とともに、裁断の無料講習会

国鉄の制服

を三日間、あるいは一週間と催したのもこの頃であった。

私は、若い人たちがこうして外部に出張し、講義をしたり実習をしたりすることがおおくなればなるほど、ますます、指導員自身の教養と技術の向上のための講座をもつ必要性を強く感じるようになった。そして、彼女たちのために二十五年の夏には、二週間にわたって、夏期講座をすることになった。

その講座の一つとして、ある画家と、デパートのデザイナーと、美術史研究家三人の講師を囲んでの座談会をひらいた。座談会の主だった内容は、戦後の流行についての批判であった。

ある美術史研究家の先生は、戦後の傾向は、まったく原始的だ。それはまるで、未開の人種がつける金の輪を耳にはめるような流行、そして、真紅な口紅と爪、それらは、女性の美しさの観点が、原始的な美へと逆行していることを意味するといった。

画家の先生は、私は、こんな恰好して、(アロハ・シャツ)こうした席に出られるなんて、いまの御時勢だからですよ。人間がありのままの姿で仕事しやすい服装ができるなんて、実に合理的でよい傾向だと思いますよ、日本人はいままで、あまりにも格式ばったきものを着すぎたのですよ、と。また、デザイナーの先生は、本当にそうです、この民主主義的な流行は、今までの無理な束縛のある日本の服装を、きっと合理的なきものに切替えてくれる一つのきっかけになるのでしょう、と。また、その時、一人の若い青年が発言した。私たち若いものは、形式ばったネクタイや背広はもう不要だと思います、と。

この座談会は、人間性に逆行した戦争への反動としてあらわれた、あまりにも解放的なこの当時のきものの着方に対する批判として、また、すべて新しく出発しなおさなければならない、日本の今後の私たちのきものの方向への示唆として、忘れることのできない試みであった。

また、この講習会の一講師として、私たちは、鶴見和子氏を招いていた。講演のテーマは「アメリカの女学生の服装」ということであった。鶴見氏は、一通りこの標題のもとに、彼女のアメリカ留学当時の生活のしかたや、きものの着方を話してくれたが、だんだんと日本の女性問題、職業問題に話は移行していった。

「私は、まだ勉強中なので、日本の実際の生活について、具体的にどうしたらよいかということはとても解答できません。私がある農村の婦人たちの集った席上で、私なりの今後の社会生活の新しい女性論をのべたことがありました。その時、私の話をだまって一通り聞いていた農村の一婦人が、私に次のような質問をしました。『先生のおっしゃることはよく解ります。私たちもそう考えてきました。しかし、とくにひどい封建的な農村生活の中で、どういう風にして、先生のおっしゃるような理想をすすめていったらよいか、その具体的な方法論をおきかせ下さい』というのです。私はその答えにつまりました。そして、私なんか、まだまだ、日本の農村の実生活について云々する資格はないのだと痛感したのです」

さらに彼女はつづけた。「洋裁学校にきて、こんなことをいうのは失礼ですが、女性が自分のきものや家族のきものを縫う、お裁縫というものから、ぬけださなければならないと思います。この点は、アメリカでは、既製服が発達しつつありますから、自由に自分の欲しいきものが買えるので、女性は縫うことから解放されるでしょうし、お料理だってそうです。ホーレン草一つだって、アメリカでは、すぐそのまま使えるようにセロファンに入れて売っています。もしそうなれば、土のついた菜ッ葉を洗う仕事から解放され、女性の仕事がそれだけ軽くなっていくのです」

この鶴見氏の言葉は、血気にはやって、自分だけの力で啓蒙しようとしている若い指導者にとって、また、私にとってよい示唆となったのである。

お裁縫から女性を解放することが大切だ。それには、女性自身の中から、デザイナーや技術家が、続々と出て、立派に職能人として通るようになり、この人たちの手で、より合理的な、しかも安価な既製品を大量にうみだすことである。消費者としての女性は、いわゆる「お裁縫」などで、一日の貴重な、しかも長い時間を浪費する必要はない。

私も鶴見氏と同様な考え方で、衣服の製作という仕事をやってきたのである。しかし、まだふっきれない、数おおくの日本女性の古い意識と、今後もどのくらいたたかわなければならないかと、つくづく考えさせられたのである。

この二十五年の夏期講習会が終る頃から、下谷の洋裁学校の経営、営業方針が、あまりにも私たちの考え方と相反していることが、あらゆる具体的な面でわかってきた。例えば、かげも形もない寄宿舎を、あると宣伝し、勝手に宣伝した莫大な宣伝費の責任を、職員一同にもたせたり、政治ゴロのような人物が、理事と称して教育内容にタッチしたり、あらゆる面で、私たちの純粋な方針をさまたげる結果になってきた。

もちろん、私たちは、純粋な思想や方法を片意地に固守しようというのではないが、あまりにも、表裏がありすぎる営業方針に対して、ついに私たちは、この学院を辞さねばならない段階にたちいたった。

それにつけても、その当時三五〇名の生徒の具体的な今後の処置方法を考え、私をはじめ職員一同はやせ細る思いであった。

私たちは、生徒をもう一つの学校多摩川洋裁学校にひきつれてゆく結果にしたくないと思い、この苦境を生徒に感じさせまいと努力したが、殆んどの生徒は、敏感に私たちの心境を感じとっていた。私たちが、二十六年の三月に学院をやめる声明を発表した直後、数百名の生徒が職員室をおそった。私たちは、いたし方なく、上野の山の美術館の前で、私たちの意向を発表しようといった。春浅い芝生の上で、私たちはこんこんと、生徒たちに納得のゆくまで説明した。生徒たちも職員もみんな泣いた。

その後、私たちは、ふたたび、小さい温かい多摩川洋裁学院を根拠にして、次の私たちの仕事の計画にとりかかることにした。

戦後日本の風俗

他の国にくらべて、きわめて特長的なことは、敗戦後の日本が、アメリカに占領され、その衣食住のすみずみまで、いわゆるアメリカニゼィションが進行した、ということであろう。戦争と、昔の日本の風俗をひきずりながら、あらたに潮のような勢いで、流入したアメリカ調を、戦後の日本人は、どのように調和させ、消化していったのであろうか。私の戦後の体験の中から戦後日本の衣裳、風俗の足どりをたどってみよう。

私の通勤コースは、第二の学院が鶯谷にあったので、上野、東京駅、新橋、品川、目黒、渋谷という国電が主であった。そして、学院の授業が、早朝から、夜学まであったので、この沿線のラッシュ・アワーはもちろん、夜は、終電車で帰ることはざらであった。

この頃の東京都内の風俗というか、みんなのきものの着方からその頃の生活のしかたを観察するのは、この乗物の中であった。

また、茨城県の結城のある高校に、土曜日ごとに授業に出掛けたことがあったので、東京近在の農家から食糧を上野に運ぶ、買出し列車に乗り合わす機会も多かった。

そんな角度で、二十四年から五年にわたって私がみた風俗をひろってみよう。

買い出し風俗

戦時から戦後にかけての物資不足のなかで、会社を休んで、一家の食糧を買い出しに出かけた人たちに代って、専門の買い出し部隊が現れだしてから、常磐線は、いつか「買い出し列車」というような名で呼ばれるようになった。私は一週間一回の往復の列車の中で、この一群の人たちに共通する風俗が生れてきていることに気がつきだした。

若い「アンちゃん」たちは、リーゼント・スタイルに、戦斗帽、色あせた軍服、国民服といういでたちで、荒々しい活気を車内に発散させていた。そのくせ、言葉つきや、しぐさの粗野な感じにそぐわない、いわゆる労働者的な明るい逞しさというのではなく、顔付きや、手などが、いやにきゃしゃで、彼らの表情には、刹那主義的な、不安定な生活行為からくる、暗いかげのようなものが、のぞいているようだった。ひとたび経済的なゆとりでもでてくれば、すぐにでも、手に指環を光らせて、アロハシャツでも着そうに、私には見えた。

彼らにまじって、おばさんたちがたくさんいる。この人たちも、戦争中や終戦直後は、可愛い息子や孫の食糧の調達に、モンペをはき、リュックを背負ってでかけたのだろうが、いつか本業となって、どこで検査があるかなど、青年たちと真剣にやりとりしている姿をそちこちで見うけるようになった。大きなリュックは、終戦直後の買出しの人たちの特長であったのだが、二十三、四年頃になると、きびしい検査の網をたくみにのがれるためか、型も小さくなり、風呂敷包みや買物バッグに変ってゆき、どこかの奥さんがちょっとお買物にといった感じになり、バッグの中味もお芋ではなくて、お米ばかりにかわっていった。

パンパン風俗

私は鶯谷の学校への行き帰り、よく電車の最後尾についていた婦人専用車にのったものである。その頃、一般の乗客の中で、何としてもめだつのは、戦争の痛ましい落し子、街の天使たちであった。華やかというよりは、どぎつい色彩のはんらん、趣味のわるいアメリカニズムである。

それは、大部分が、アメリカの既製品で、あとはそれに似せた和製の布地でつくられたものであった。赤いボックス・ジャケットに、裾をまくりあげた七分丈のスラックス、ナイロンのショルダーバッグ、どぎつい口紅にチューインガム、こうした服装が、彼女たちの象徴と思われるほど、どこから見てもそれと区別のつくものであった。よくみると、ジャケットはジャケット、靴は靴、ハンドバッグはハンドバッグと、個々別々に選んでいて、色彩も服の持つ性質も、バラバラで、私たちの眼をいたく刺激した。しかし、彼女たちは時が経つにつれて、それなりに着こなして、全体としてはやや落ちつき、なかには、その種の人たちとは見えないほど巧みに、品よい着こなしをする人たちもでてきた。しかし、やはり、それは一人でいる時であって、二、三人ずつ組になり、あたりかまわず英語と日本語のチャンポンでお喋りをする時は、彼女らの職業が、露骨にあらわれるのであった。

宵の口の婦人専用車は、彼女たちの仕事場にもなった。隣がＧＩの車であるから、ちょっとホームにおりて、よびかけるのには、便利なわけである。この植民地的風景をさらに濃厚にしたものは、浮浪児たちであった。婦人子供専用車となれば、この子供たちもいばって寝られるわけで、二、三人組んだ彼らは、乗客をしりめに、車の中を右往左往する。街の天使と浮浪児、これはいつも一つになって、彼女らの植民地的な服装をより助長させる素材となっていたようである。

終電風俗

終電車ともなれば、婦人専用車であるはずの車に、たいがいは酒気をおびた男が二、三人はのりこんでくる。この時間に乗る婦人の乗客のほとんどが特種な職業の人たちのようであった。一人でいる人たちは、ほとんどしゃべらないで、疲れきった身体をつり皮にまかせている。バーや、一杯のみやや、キャバレーで、お客と話しつかれたあとの姿である。服装も、洋服あり、和服ありの千差万別。しかし、全般には、大胆に自分の個性をいかして、美しく見せる効果を知っているようである。これは、その職業の要求が、自然に服装、着こなし、お化粧、表情、動作などの技術を身につけさせるからだろう。たえず、新しい流行をとりいれ、それなりに着こなしてしまうので、いちおうまとまって見えるのだが、なにか荒れた感じがあった。それがいちばん強くあらわれるのは、髪型とメーク・アップである。その華やかなメーク・アップの底には、かくしきれない生活の疲れと荒びがみえ、いちように若く装ってはいるが、とくに世帯持ちや、未亡人らしい人のおおいのが目についた。彼女たちは、全部が全部けっして最新流行の服装を着こなしているのではない。未亡人が、疎開しておいてたすかった、若い時の着物を仕事の制服として着ている。顔のしわと娘時代の和服。このアンバランスが、職場ではカムフラージュされていても、明るい電車の中ではいかにもはっきりとあらわれてしまうのだった。

また、そういった世帯もちのおおい中に、女学生のような若い人たちもまじっていた。彼女たちは、基礎教育の期間を戦争のためにうばわれ、常識なんていう言葉はどういう意味なんですか……といわんばかりの服装、中年の人と同じお化粧、口紅をダークに光らせていた。髪はパーマのかけっぱなしのちりちり髪、イアリング、ネックレスは誇らしげにし、足許ばかしは運動靴である。私は私ですよ、とでもいいたげなアプレ娘たちであった。

ラッシユ・アワーの婦人たち

同じ婦人専用車でも、朝夕のラッシュ・アワーは、会社や官庁などに通勤する若いお勤めの女性でいっぱいであった。この人たちは、だいたい生活程度や、内容が似ているせいか、服装の面でも、同じような程度と内容のようである。その印象をひと口にいえば、清潔で、こざっぱりとまとまっていて、お勤めの人らしい服装……そんなふうに感じられた。この人たちの大半は、お勤めは結婚までというわけであろうから、サラリーの大半は、服飾費、お化粧代、交際費などにあてられるのだろう。この人たちの服装を清潔で、こざっぱりと、まとまったものにしているのも、こんなところからくるのだろうと思ったりした。

ニュー・ルック風俗

昭和二十三年の春にさきがけて、ニュー・ルックという言葉が服飾ジャーナリズムのうえに、ちらほらとあらわれだした。これは、その前年に、フランスのデザイナー、クリスチャン・ディオールによって、パリのモード界に紹介された、ロング・スカートのことであった。

優美で、ロマンティックな、スタイルは、第二次大戦の惨禍のあとに、蘇った人間のロマネスクへの郷愁であり、非人間的な戦争から解放された、平和な、明るい未来を、呼び戻そうとする女性の願いに、マッチした、スタイルであった。ディオールの新鮮な時代感覚は、戦争の破壊から立ち直れずにいるフランスの女性たちの生活の現実には、マッチしなかったが、心理の現実には、深く入りこみ、さらに、戦争の災害を直接にうけることがなかった富裕なアメリカ社会の購買力を刺激した。

アメリカに入った、ロング・スカートは、決して、原型に忠実ではなかった。しかし、きわめて、合理的な、そして快適な、アメリカ式生活に適応させるような形に、変型されて、いわゆる「ディオールのニュー・ルック」が、ディオールのジャーナリスティックなセンスを証明するように、アメリカ全土にゆきわたっていった。

流行を、きわめて、スピーディーに、そして、広範な大衆のなかへおくりこむ、高度に発達したアメリカ資本主義という容器は、その大がかりな宣伝力と、通信販売という商業的武器によって、新しいパリのモードを、勇敢にとり入れ、しかも勇敢にデフォルメして、街のサラリー・

ガールから、お百姓の娘さんにいたるまで、アメリカ式ロング・スカートを着せてしまった。

日本のロング・スカートは、このようなアメリカを経由し、軍人の御婦人や、戦後日本に来日するシヴィリアンの奥さんたちを通して、まさにアメリカ的「ニュー・ルック」として、渡来してきたのである。もちろん、日本でも、ディオールのセンスは決して狂ってはいなかった。とうとうたる戦後日本のアメリカニゼイションは、これに拍車をかけたといってよさそうである。

イヴニング現る

昭和二十六年に私は、ある婦人雑誌から、「風俗探訪」を依頼されたことがあった。秋も深くなってからの頃だったと思う。私は、西銀座の裏通りにあるイヴニング専門店に入っていった。白い横

ロング・スカート

街の天使

文字の店名が、照明に映えて、みるからにシックなスタイルの店構えである。左手のウィンドウには、ウェディング・ドレスをまとったブロンドのマヌカンが飾られ、両側にあるガラス張りのショウ・ケースには、肩をいっぱい露出したオーガンディやタフタの優美なイヴニング・ドレスがずらりとかかっている。正札をみれば、一万五千円から最高五万円。こんなものを着る日本人は、いったいどんな人種で、どんな場所で着るのだろうか……、私は店の人に訊いてみた。

「夏うちの暇なときに作らせておいたハーフ・メイドですから、ずっとお安くなっております。けっこう御注文があるんですよ。お得意さまはだいたいダンス・ホールのナンバー・ワンからスリー(この人たちは一般に若くない)、キャバレー

既成服

イヴニング

のマダム、女優さん、ステージにでる音楽家などの方がおおいですね、まあその他外人に連れてこられる日本の婦人とか、こうした特殊な方たちのほかは、山の手の派手な社交面をお持ちのお嬢さんや若奥さんですね。色はやはりくすんだ色よりも、白、クリーム、ピンクのような明るい色がおおいようです」

なるほど、それではこれは一種の職業服なのだ、明るい色もキャバレーやホールでは……とうなずかれた。

既製服の進出

この店をでると、私は銀座通りを横切って、盛場の既製服店と百貨店をのぞいてみた。

サラリーマンふうの若い男と女の二人ずれ、共稼ぎの御夫婦か、それともごく仲の好いお友達といったところ。百貨店の既製品売場である。「これキミに、きっと似合うよ」「そうかしら」「これにきめたら……」「ええ」。そんな会話がきこえてくる。グレーのギャバジン・テーラード・スーツ六〇〇〇円。いままではたいてい親に選択してもらっていたが、この頃からは御主人や男の友だちにえらんでもらうという傾向がでてきたようだ。

また、既製服が、サラリーマンの対象となったことも新しい事実である。

その日から遠くない日曜日の夕方、私は久し振りで、新宿にでてみた。駅の向う側には、婦人服専門店や、男子の既製服専門店がずらりと並んでいる。その中の婦人既製服の専門店にふらりと入ってみた。二間間口に奥行三間程の店である。ウインドウには、スカイ・ブルウの派手なコート、店内には真紅と黒の強いコントラストのコート、胸に切替えのあるレンガ色と白の、ゴテゴテと装飾のおおい、趣味のわるいスーツ、多種多様のブラウス類、機械編の色とりどりのスウェターにカーディガン類など、むせ返るような沢山の商品の中を、客がひしめきあっている。私は、大きなソロバンを片手にした店主にきいてみた。

ブラウスだけは、一年中売れるそうである。春から夏、秋にかけて、最高一日一〇〇着、最低三〇着はでるそうで、値段は、三五〇円から一〇〇〇円止り、刺繡やレース、飾りのおおいものが断然売れ、この夏、一枚二七〇円のシャツ・ブラウスを作ったところ、飛ぶように売れたとのことである。店頭の派手なものは、一種のカンバンで、店をにぎやかにするために飾ってあるが、けっこう似合わないのに買ってゆく勇敢な女性もいるそうだ。

母親と兄さんと連れだった女学生が入ってくる。スーツを買いにきたようだ。おかっぱにセイラー服、ひだのスカートにスウェターを着ている。店員はしきりにグレイのフラノのテーラード・スーツをすすめる。値段は三千八百円、それとまったく同じ黒のスーツと見くらべて、娘さんはどちらにしようかと、とまどっている。やっと、「紺ならいいんだけど……」ときmiddleとれないような小さい声で、わずかに軽い不満と希望の口吻をもらす。さあさあどっちにするのと促す母親に店員は、パチパチとソロバンをはじいてみせ、「いえ、もうこれでせいいっぱいの勉強ですよ」という。母親は三千五百円までとネバっている。

そうこうしている間に、ブラウス二枚にスウェター二枚が売れる。みんな値切っているが、それだけ高く見込んでいるんでしょう？　と店主にきくと、

「とんでもない。お客さんは百貨店から附近の店をじつに丹念に歩いて当ったうえで、比較していますからネ、高く見込んで正札をつけると店の信用にかかわるからね、結局、利を薄くするんですよ」

と苦しいところを訴える。ともあれ三千五百円で、ある程度のスーツが買えるのだ。見たところ、五〇％は毛が入っている。

「お客さんは、しきりにこれ純毛ですか、と聞いていますが、この程度のものは、何といって売ってるんです？」

「もちろん純毛だといっていますよ。純毛といえば安心しますからね。これも商売ですからね」

実際、この頃の日本の布地で一〇〇％ウールなど、ほとんどないといってよかった。純毛だといわれれば、ああそうかと別に疑わない客も素直だが、布地メーカー、小売店の売らんかな主義

と良心の欠如にむしろ罪があると思われた。なにがいちばん売れているかと聞いてみた。店員が、

「断然これですよ」

といって、とってくれたのは、レンガ色のボレロとジャンパー・スカートの組み合せである。なかなか便利で経済的な組み合せで、装飾もごたつかず、無難なデザイン、なるほどとうなずかれる。

「色」は、濃いグリーンがよくでるそうである。

この店では、二階が仕事場になっていて、肩幅や、背丈がちがっていても、一時間ばかりで手早く直せるという。概して、既製品は注文品より二割から、五割かた安いから、選び方、着こなし、附属品のつけかえなどを上手にしさえすれば、注文品とそう大差なく、しかも廉くて、結構着られるわけである。その頃でも、既製服は、すでに、デザインといい、質といいよいものが沢山でまわってきていた。生産者の方で、消費者側をリードするような品質、誠実な嘘のない品質になるまでに、もう一息という風な感想を私はもったし、そうなって欲しい、と願ったものである。

こういった気のきいたアンサンブルが売れていくのを見て、また、いっぽう私は、消費者側の方でも、自分の求めるものがはっきりしてきており、大きな方向としては狂いがなくなってきて

いる。本当に必要なものは、奇矯な流行に支配されない堅実なもの、予算も生活費の限度を超えないところで、求められている。大衆の健全な知性といったようなものを信頼できるような気もしてきた。

そして、この方向に、はずれたような既製品は必ずや、将来淘汰されていくだろうと思われてホッとするような気がした。

地方行脚

東京に生れ、東京だけの環境の中で考えて、仕事をしているのでは、本当に日本全体を知ることはできない、と、私が考えだしたのは、戦後間もなくのことであった。

そこで、なんとかチャンスがあれば、地方にいって勉強したいという気持をもちだした。そんなところから、講演にきてくれないか、といえば、どんな条件であろうがおかまいなしにでかけていった。

いちばんはじめによばれたのが、たしか、二十二年の夏に、福島県の郡山市のある洋裁学校からであった。その年の十一月には、北海道の函館新聞の一周年記念の催しの一つとして「女性の教養講座」をもちたいから、きてくれないか、という招きがあった。

数名のあるいは数十名のしかも、製図の説明というような具体的な技術の話であれば、口下手な私でもなんとか形はつくが、地方の洋裁学校で三百名ぐらいの生徒を前にして教えるということになると、いわば講演のようなもので、いささか度胸もいるし、緊張せざるをえない。私は、郡山市の前夜の旅館の床の中で考えた。学生時代から人の前でしゃべることのきらいな私が、また、記者生活の当時の口下手な私が、どうしたことか数百名を前にして講演しなければならなくなったとは、どう考えても不思議でならなかった。そして、明日の講演が無事に終りますようにと、心に念じながら床についたのであった。

案のじょう、私は思う半分もしゃべれなかった。できるだけ技術的な話題で親切に落ちついて話そうと思ったことが、どうしたことか、抽象的な女性論に変っていったり、話題はあちこちにとんでいった。

次の函館市の女性の教養講座は、神近市子氏と山本杉氏と私の三人であった。戦後間もなくの食糧事情も暖房も不完全な十一月であったので、なんとなく心細く心が引しまる思いであったが、神近氏や山本氏のような、いわばそのすじの大家についてゆくのであるから、しんまえがお供をしてゆくような気持がして大変心強かった。第一、北海道の冬というので私にとっては大変魅力があり心はおどった。暖房のない夜行列車で、当時函館新聞東京支局の論説部にいた松宮克人氏と四人で上野から発った。車中のおべんとうは松宮氏の用意したパンとバターとチーズで、三人の話題は、政治問題から婦人問題に話ははずんだ。私は殆んどだまってきいていたが、大変私にとって参考になった。その車中で衣料輸送の点検（あとでわかったのであるが、ヤミ衣料の防止のための点検であった）があって、二等車に乗りあわせていた一人の商人の大きな荷物がとかれた。風呂敷包の中には、若い娘さんが着るような和服がぎっしりたたまれていた。その男は、古物商という鑑札を持っていたので無事に通過した。このゆき道ではわからなかったが、帰る頃になってやっと、彼は、こうして都会から、冬に入る北海道に、きものを売りにゆく商人であるとわかった。北海道の物価は高く、とくに衣料は東京よりぐっと高価に売れる、ということも知ったのである。

　青森について、私は、はじめて話にきいているかくまき（雪国の人が冬に外套代りにきる四角い毛布のような外被）をみた。また、マントウもみた。古いものではあるが、その頃最も魅惑的な、純毛の毛布である。いまにも雪がちらつきそうな環境の中で、大きな荷物を運ぶ小母さんたちがまとっているかくまきやマントウをみて、私は非常に合理的であると思った。つまり、和服、洋服をとわず、荷物があるなしによらず、また、小供をおんぶするにも、こうした裁断されない外被は、なかなか便利であると思ったのである。そして、かくまきに必要な用布は、どの位であろうと計算し、洋服の半ゴートに匹敵する用布であるなどと考えてみた。

青函連絡船の中で食べた、青森の函館新聞の支局からとどけられたおべんとうはおいしかった。白米のにぎり飯に、照り焼きの生鮭のおかずであった。函館について、講演後みた魚市場では、本当の大きな生鮭や、戦争中冷凍にして東京でさんざん配給されたホッケという魚が、ぴんぴんしてならべられているのをみて驚いた。旅館の料理の中に、この新鮮な白身のホッケがでて、おいしいおいしいと三人で食べた。つまり、東京で戦時中に食べたまずいホッケとは、あまりにも違いすぎたからである。

私は、当日の講演会で勉強したことは、大先輩の婦人運動の大家の女史たちの講演ぶりであった。また、函館新聞社の企画が、あまりにも純粋にまともにとっくんだプランであり、失敗ではなかったか、……などと感じたのであった。つまり、その頃の函館は、イカの産地であり、食料事情の悪いこの頃としては、漁師は、高価に売れるイカのため、相当の収入があり、それに戦後の解放感も加わって、われわれの真面目な講演より、より享楽的なものを欲しているようだった。

講演会の会場は、寒ざむとしていて、聴衆はわずか百名にもたりなかった。しかし、とくに神近氏の演説は大変面白かった。家庭生活における家長尊重主義に対する反撥であった。「夫婦二人の生活で、もし晩の食卓に三匹のいわしだけしかないとすると、おそらく夫に二匹のいわしを食べさせ、妻は一匹しか食べないであろう。これからの女性はそんなことではいけない。必らず一匹半ずつ食べなければならない……」と。

私は、神近氏につづいて山本氏の講演が終ったあとの三十分間で、これからの合理的な衣服計画について話した。しかし、この時つくづく感じたことは、私のような小さい存在のものが、三十分や一時間壇上に立って、一通りの衣服論をのべたところで、なんの役にも立たないのではなかろうかと、まったく価値のないことだ……と。これは、前述の鶴見和子氏が、私の学院で述べた、「私は、まだ地方にでかけてゆく資格はありません」といったことと同じことが、私には強く感じられたのである。私なんか、まだまだ、日本の農村問題や女性問題について、とやかくいう資格はまったくないと痛感したのであった。

そして、地方へでむく以上は、三十分や一時間の講演という形でなく、講習会形式で、より具体的に親切に、できるだけ豊富な内容を用意してゆくべきであると思った。

その後の福島県の会津若松市の青年団主催の三日間の洋裁講座でも、柏崎市の二日間の講座でも、あるいは、東京近在の土浦市の洋裁学校連盟主催の洋裁講座でも感じたことは、すべて若い人たちが、うわっつらな新しいことを取入れることに急であって、私が考えているような、無駄のない合理的な生活をしようと考えている人たちは、実に少ないということであった。

これらの講座のはじまる前の主催者側の前おきは、次のような言葉ではじまった。「みなさん方は、今までの日本従来の和服を着てきたが、これからは、働きやすい洋服に切替える時代になった……」というのである。また、会津若松市のある若い十七才の農村の一女性は、次のようにのべた。「私が洋裁を習う目的は、私の村の人たちに、働きやすい日常着の作り方を普及するためです。現在の村のほとんどの人たちが、働きにくい和服をきているからです」と。

私は、こうした言葉を、ゆく先ざきの地方できく度に、大きな時代的なずれを感じたのであった。つまり、私は十年前から、いな二十数年前から、和洋服云々の問題は、いやという程きかされてきたし、十数年前にはすでに洋服に切替えられていたのではなかろうか、と思った。ところが、それはほんの一部の都会の人の間でのことで、地方のほとんどの人たちは、戦後やっと洋服のよさを知りはじめた、ということだ。もちろん、大戦争のおかげで、衣食住がやっと機能的になりかけたところに、やれ統制だ、伝統を重んじろ、という日本独特の封建的な思潮をおしつけられて、和服尊重という形で足ぶみをしてしまったことも、大きな原因の一つであることも知った。

地方講習会での私の前おきの言葉は、いつも次のようないいまわしから始まった。「大戦争で家は焼かれ、きものは焼かれた。このチャンスに、今までの封建的な住居の作り方や、きもののそろえ方からぬけきることではないかと、私は考える。つまり、この機会にいっさい新しい合理的な計画を立直さなければならないと思う。これからは、家長尊重主義の住居の建て方や外部に対する虚栄のためにたてた住居の建て方から、家族中心主義の合理的な建て方に変るべきだと思うし、外出着、訪問着を沢山作って、タンスなん棹かにおさめて結婚の道具と考えるような封建的なきもののそろえ方から脱け出す時がきたのである……」と。

しかし、その当時の人たちの考え方は、物資がなかったから、生地が買えないから、しかたなしに、いわゆる経済的な住い方やきものの着方をしたようだが、本当の意味での合理的な生活の形を営なもうとしていなかったようだ。その証拠には、物資がでまわれば、お金が入れば、戦前に構えたいと願っていた住居を建てようと思っていたようだし、洋服も和服も欲しいし、結婚衣裳も立派に作りたいと願っていたようだ。

なお、私の講習会での具体的な内容は次の通りであった。この頃とくにアメリカ的なきもののとり入れ方が急で、赤やグリーンの原色をつかう、じゃらじゃらしたフレヤー・スカートに、みじめなスポーツ靴をはくといった。自由な服装のきかたとはいっても、あまりにもチグハグな解放的すぎる装いであった、つまり、戦前のアッパッパー程度の洋服の上に、いきなりアメリカ人の着る既製服を引っかけているような状態だったので、できるだけオーソドックスな(基本的な)スポーティーな健康な装いに切替えるように講義も実習もすすめたのである。

つまり私は、戦後の日本の状態、とくに地方を含めた大衆層のこれからの服装は、戦前の昭和十三、四年頃に流行した装い、つまり、伊東茂平氏などが提唱したスポーティーなきものであり、私が、十七年にはじめて『婦人画報』に発表した基本的な服装、シャツ・ブラウスとスカート、そしてカーディガン、あるいは、ジャンパー形式の上衣の組合せであると考えた。いいかえれば、戦後の若い人たちは、まだこれらの洋服の基本形のよさを経験した人たちでないのだから、そのオーソドックスなきものの着こなしから入って貰うことが、まず第一であると考えたのである。

昭和二十六年のはじめ頃から、朝日新聞出版部発行の『婦人朝日』の編集部の依頼で、口絵にデザイン解説の連載を担当した。この仕事は、モード画家の宮内裕氏と、戦争直後から四年間『婦人画報』の編集部で仕事をして後、フリーランスで編集の仕事をしようとしていた高松太郎氏の三人のコンビでなされた。

『婦人朝日』の編集方針と読者層が、いわゆる都会的に走りすぎる服飾スタイル・ブックの方針や読者層と違って、地味なというか、全国をまたにかけての一般の家庭婦人、職業婦人であり、私が最も目標にしたい対象であったので、私たちははりきって仕事をした。その口絵の内容は、もちろん、トップ・モードをさけて基本的なデザインを選んだ。その経済的な合理的な衣服計画などを選んだ。「わが家はデニム」というテーマで、紺の厚地木綿のデニムをつかって一家中の家庭着をまとめたのも、この年の半ば頃であった。このデニムという生地は、アメリカから生れた名前であり、アメリカの庶民的な労働着の一つとして、広く大衆に愛されたものである。この後、このデニムは、日本のふだん着、労働着として、ふんだんに使われるようになり、安価な既製服となって広く愛用されるようになった。

戦前から私のことを知っている連中は、次のように、その頃の私を批判していた。「桑沢君は、昔のことのむしかえしのような原稿やデザインをしている」と。しかし、私は、戦後の一般の人たちの考え方や実情を広くみて、服飾界で私の受持つ区域は、新規まきなおしに出発しなおそうとしている、日本の一般の人たちの基本的な服装であると、心にきめたのである。

この『婦人朝日』の執筆は、二十七年に入ってから、ついに「全国巡回服装相談室」という形で、誌上だけでなく行動的な企画となっていった。その頃の編集長、伊沢匡氏が、新延修三氏(現在はアサヒグラフ編集長)に代った時である。新しい編集長新延氏は、私たちのこの服装相談室を全面的に賛成してくれた。一月の朝日新聞社内の東京の服装相談から始まって、大阪、名古屋、京都、静岡、九州の小倉、福岡、四国の松山、石川県の金沢、東北の仙台、高崎、北海道の札幌、函館、と十三の都市を約一年にわたって歩いたのである。この相談室のやり方は、日本人のタイプとデザインと、その色のきめ方、あるいは日本の生活用途にマッチした服装、そして、衣計画等々の図表を持ち、同時にその頃ぐんぐん出てきた化学繊維の見本を陳列して、あらゆる衣服に関する問題について膝を交えて一人一人の相談に応じたのである。メンバーは、主催者側として必らず新延氏が列席し、意図を説明する。そして、私を中心にして、進行係の高松太郎氏、各人の要望にこたえて私がデザインしたものを画にしてその場で絵に描くのが宮内裕氏であった。そして、各地の洋裁学校の先生の一人あるいは二人をゲストにお願いして、できるだけ親切に相談に応じたのである。もちろん無料相談であって、大阪のゲストとしては田中千代氏が加わった。

はじめは、たまには三十名、五十名という少人数であったが、読者も知ってきたし、連絡も適確になってきたのでだんだんと人数が増えて、時には百五十名という大ぜいの人たちに個人々々接しなければならないという大盛況ぶりであった。大ぜいの時は、マイクを用意して、一通りの配色法なり基本的な服装のデザインについて話をすすめ、それから三、四人ずつ一緒にかけもちで質問に答え、それをその場でデザインしていったのであった。そして、個人的な質問でも、大ぜいの人たちにも参考になる問題は、マイクによって説明した。朝の九時半から夕方の六時まで、私たち三人は必死になって親切に解答したのである。この一年間の相談に応じた人数は、約三千名に達したのである。

私は今でも名前こそおぼえていないが、質問者の顔と質問内容をおぼえているのである。次に、この相談室が、どんな反響をあたえたか、また、どんな点に悩んでいるか、代表的なものをあげてみたいと思う。

名古屋の家庭婦人

美しくありたいということは、美しくない私にとって、かなしい願いでした。布地の色やデザインをきめるのに、いつも目立たぬ色、無難なものにしていました。デザインがどうの、といったことを、かれこれいう資格がないとさえ思っていたのでした。そんな私に、似合う色やデザインをお示しいただいて、すっかり感激してしまいました。「自分はどうせ……」などという劣等感を持つことはいらないのだ、誰でも似合った色や形のものを工夫して身につけることで、より美しくなれる資格があるのだ、ということがわかって、うれしくなってしまいました。デザインしていただいた服を着たら、ガラス窓や台所の棚にたまった挨なんか、たちまち片づけてしまうくらいの元気がわきそうです。また限られた収入では、高価な布地で変ったものを何枚も作れなくても、工夫次第でふだん着を中心においたたのしい服装計画ができるはずだと思いました。ともかく、相談室をでていった私は、心うきうきと、おんぶしていた子供の重さも忘れておりました。（相談室の感想、原文のまま）

静岡の若奥さん

いま着ている色は似合わない、それよりこんな色の方がよい、と先生がおっしゃるとおり、これまで私も漠然と先生のおっしゃる色がいいのではないかしらと考えておりました。これまで、そうした色を着てみたこともありましたが、たちまち主人に反対されるのです。今日から意を強くして、自分の意志をはっきりと服装にだしてゆきたいと思います。自信を持って生活しなければならないということを教えていただき嬉しく存じます。（感想の要旨）

以上は、相談室の感想としてのほんの一部であるが、この他、和服なら一生着られるほどもっているが、なんとか洋服に切替えたいと考えている、どうしたらよいでしょうなど、古い日本のしきたりの中で考えあぐんでいる人。また、辺鄙な農村で、洋裁指導者として働いている人が、農村婦人の、生活の探求も、反省の余裕もない実状を報告して、衣服の改善の実際的な指導をどうしたらよいかという生々しい相談などがあった。

私が強く感じたことは、ごく最近になって、はじめて地方の人たちが、自分の服装問題を実際的に個人の生活の問題として、はっきりと考えだしたことであった。この相談室の対象は、地方といっても中小都市の中流階級で、もっと辺鄙な生活と封建的な環境に住む人たちの場合は、これ以上に困難な実情があるにちがいないと思った。

そして、前々から考えていた、家庭裁縫から女性を解放しろ、よい既製品を買って、合理的な衣計画をたてろ、野良着の既製品を作れなどという考え方が、いつ日本の実際の姿となってゆくのであろうか、雲の上の遠い遠い、夢の中の話題で終ってしまうのではなかろうか、と考えたのである。

その後の『婦人朝日』での仕事は、二十八年から毎年一回三年間つづけて、「仕事着コンクール」の公募という企画のもとに、編集部のお手伝いをしたことであった。第一部家庭の仕事着、第二部職場の仕事着、第三部農村の仕事着、という分類のもとに数百点の作品が集ったものを数人の審査員によって選び、それを、全国の都市に陳列したのである。

実はこの選ばれた優秀なデザインを、実際のオフィスや工場の仕事着にあるいは野良着として実際に実験的に着るところまでもってゆきたいと思ったのである。しかし、それは農林省の生活改善課の指導員の現場のきものとして一部着られた程度で、実際には着られるところまではゆかなかった。しかし、選ばれた作品、とくに二年度、三年度の選に入った各部の作品は優秀であったし、全国に一カ年間地方都市に陳列されたその結果のよい影響は、服装相談室とともに、『婦人朝日』の行動的なよい仕事の一つとして十分みとめられるべきであると思う。

むずかしい職能教育

昭和二十六年の三月に、下谷の洋裁学校を辞めて、こぢんまりとした多摩川洋裁学院一本にまとまった時は、なにかホッとした気持がした。しかし、二つが一つになったための職員過剰の整理のために、若い職員をそれぞれ他の学校の教師や洋裁店に就職させるために忙しかった。同じ頃、雑誌やスタイル・ブックにかいた私の原稿をみて、洋裁で身をたてたいが、どういう勉強をしたらよいかとか、住込みで勉強したいが世話をしてくれないかなど、個人的な相談やら就職依頼が日毎に増していった。

その頃の「服装文化クラブ」は、技術の勉強と同時に、洋裁師としての具体的な生活問題についてお互いに扶け合う会にするように、と私が前から会の方向に対して意見をのべていたにもかかわらず、啓蒙活動というか、洋裁という技術をもって大衆に接し、進歩的な文化活動をしようとますます気おいたって、奇妙な行動にはしっていった。

当時の服装文化クラブのニュース十一号の論説、「服装文化運動の新しい方向のために！」（書記局）をみても、「いまやオムツ一つを作るにも吉田内閣の政策と衝突し、吉田内閣の打倒なくして、われわれの衣生活が確保されないとき、働くものの服装を創り出すために真剣に努力をつづけているわれわれが、さし当ってやらなければならないことはたくさんある。そして、その実現をはばんでいる障害は、あらゆる文化の前に立ちふさがっている共通の問題である。

われわれは、服装文化運動の働き手をふやすと同時に、他のあらゆる民主的な勢力と手を組みその解決のために、行動をすみやかに起さなければならない」

地みちに職場に出かけて洋裁を教えるとか、職場の人の仕事着について相談にのるとか、あるいはつくってあげるとかいうことでは、大いに賛成もした私も、こうなってしまっては、とても応援が出来なくなったのである。そして、全く極左的な政治運動のような彼女たちの行動をやめるよう、口をすっぱくして説いたが、私の言葉も、炎のようにもえさかっている彼女たちには到底うけいれられそうもなかった。そしてだんだんと会員は減る一方で、浮き上った活動も長つづきしない状態になったので、ついに、土方梅子氏と私とが加わって協議に協議を重ねた結果、解散というところまでいってしまったのである。

一方、多摩川洋裁学院の職員及び、洋裁店や他のより小さな洋裁学校に推薦した、いわゆる、洋裁の技術者たちは、技術、技術というだけのせまい枠にますます自分を追い込んでしまって、社会的な経済事情はもちろん、身近な小さい組織の中の各人の仕事の責任さえつかめていないありさまであった。

ある芝の洋裁店や日本橋、あるいは市ヶ谷の洋裁店に就職した彼女たちは、就職後まもなく私のところへやってきて、つぎのように訴えるのであった。「先生、うちの経営者はまったく話がわからない、お客のデザイン相談も、裁断もそして、生地の仕入れもなにもかもしろ、というのです。もちろん、私は精いっぱいやっているのですが、もっと売上げを上げろと責めるのです。これ以上たえられませんから私はやめたいと思います」など。また、彼女たちの経営者は、ちょっと風邪を引いて休んだという裁断師のことで、次のような電話を私にかけてよこすのである。「先生が紹介してくれた裁断師は、これで二日も休んでおります。朝の出勤もおそいし、大体一日に三着しか裁断できないという状態では困ります。もっと腕のある人をよこして下さい」などと。そこで私が裁断師を呼んできいてみると、「毎日夜帰りがおそいので、つい朝がおそくなるし、デザイン相談をしながら裁断するのでは、そんなに仕事ははかどりません」

というわけで、とくに中小企業の小さい商店経営の中の勤めがきついということは常識となっているのだが、その中で彼女たちは、それにたちうちするだけの精神力も実力もない、という実情であった。

私は、彼女たちや経営者がうったえてくるたびに、技術で生活をたてたるめには、より実力の必要性を痛感したし、社会人としての立体的な物の考え方の不足や責任感の稀薄さを彼女たちに感じた。

また、住み込んで勉強したいという人たちが多くなったので、つい引きうけてしまい、自宅には住み込みと通勤の見習生数人をおいた。私は、六畳二間に四畳半に二畳という大変せまい住いに彼女たちと起居を共にしていたので、彼女たちの生活態度や考え方を十分に観察することができた。

私が彼女たちを見ていてわかったのは、日本の封建的な家族制度の中の婦人の立場ということが、これから職業婦人として出発しようという、いわば新しくなろうという彼女たちのバックに動かしがたく存在していることであった。そして、彼女たちはそれにたちむかうことができないままに、ずるずると引きずりまわされ、そして、弱々しくなってしまうことであった。

一人の職人肌の二十才の彼女は、母と弟をかかえて、私の家に通勤していた。洋裁に入って日の浅い彼女の気持は、なんとかして一日も早く一家の生計をたてようとあせっていた。修業中である彼女の日常の生活は、長女であるというところから、家庭内の掃除から食事の仕度から母の世話から親戚づきあいまで、すべて彼女の双肩にかかっていた。彼女は常に家事の事情のために休みがちになったり、過労のために疲れて居眠りをしながら針をもつ日も多かった。

私は、彼女に言った。「本当に縫製師で立つのなら、弟も薄給であるといっても勤めているのだし、家の方へ五千円仕送るようにするから、思いきって私の家に住込んでしまってはどうか」と。しかし、彼女は、やっぱり母と弟のめんどうをみるから年数がかかっても勉強します、……ということであった。

もう一人の、子供を二人残して離婚した中年の彼女からは、親のきめてくれた結婚の失敗、虐待までされた婚家先の前夫の話をきかされた。またもう一人のオールド・ミスの彼女は、好きな洋裁をしたい、というので勉強しだしたが、中年のために、やれ親戚の誰々さんが病気なので二、三日看病にいってこなければならないのですが……というわけで、女であるというところから、親や親戚に家事の手伝いのために使われる……という結果になっていた。

また、焼夷弾で夫を亡くして、二人の子供を一時実家にあずけてきた三十四才の彼女が、短期間で洋裁を職業にして、残した子供二人を育ててゆきたいという、大変早急な希望を抱いていた戦災未亡人もいた。

ところが、そうした大きな理想や新しい女性の生活を想像し、実現したいと希望している彼女たちの一方の生活態度はどうか、というと、まったく想像もできないほどの呑気さがあった。まずよくしゃべる、とくに友達の結婚の噂話とか、日常茶飯事の出来ごとなどを面白おかしくしゃべりたてる。私は、よく次のようなことを彼女たちに冗談にいった。私がこれから、洋裁の工房を作るときは、仕事机は向い合わせに置かないで、全部壁にむけて置くことにする。そうすれば、しゃべらずに仕事がはかどるだろう……と。

私は、こうした彼女のおかれてきた環境や彼女たちの生活態度を知れば知るほど、女が職業をもって生きてゆくむずかしさを知った。また、私自身の田村氏との家庭生活においても、結婚生活と職業問題とのギャップが出はじめていた。もちろん、私のおかれている仕事の内容が、あまりにも二人の仕事や生活以外の広い範囲におよんでいたことにも大いに原因があったのである。私は、すでに十数年を過ぎようとしている私たち夫婦の生活で経験し、それによって実行しなければならない条件もはっきり知っていた。つまり、どんなに仕事があろうと、一週間一度の休日だけは、必らず二人の時間にしなければならない、と。そして住宅の形だけは二人だけの形をとらなければと考えていた。ところが、この二つとも実行できなくなっていることに気がつき始めてきた。つまり、彼が日曜日を家庭でくつろごうとしても、私は弟子と共にがちゃがちゃ仕事をしていたり、地方の講習会に出かけていて留守であったり、私たちにとって、悪い形が連続的に重なり、それが数年つづいたのであった。

ついに私たちは別居の形をとり、そして離婚までいってしまった。もちろん、私たちは、お互いの今後の仕事に対して成功を祈り、援助してゆこうという明るい気持で離婚したのである。

私は、考えた。女性が社会的に進出して仕事をしてゆこうとする場合、官庁や大会社の事務系統の仕事か、そうでなくても、仕事をするバックの会社なり機構が、完全にでき上っている場合は、必らず成功すると思うが、そうでない技術をともなう自由職業や、そうでなくとも、きちんとした機構ができるまでの段階にある環境に身をおいて、婦人の職業を達成することはなかなかむずかしいと思った。

洋裁ブームからはじまって、数年後の二十六年のこの頃には、甘い考えで洋裁を職業としようとしていた志望者たちの悲劇がはっきりとあらわれてきた、といえるし、また、地がかたまるまでの仕事に大童になり、没頭しすぎた私たちの悲劇が現実的に出てきたといえないであろうか。

私は大いに反省した。そして、地方の農村問題について、あるいは日本の女性の解放をどうしたらよいか、などということなどは到底云々できない自分であると、ずっと前に感じたことと同じように、都会の、そして身近な洋裁師の職業問題云々についても、私がとやかくいえる立場ではないと、考えるようになった。そしてその後私は、職業的に進出しようと希望する人に対しては、次のようにのべた。

「けっして日本の女性に対して落胆をしたわけではないが、技術をともなう自由職業的な洋裁の仕事は、あまりにもからい計算がともなうものである。おそらく私の経験では、普通の労働時間の二倍をついやしてはじめて、世間でいう一人前の技術者といえる状態である。そうした条件に対して克服できる人はおそらく少人数だとおもうし、そうすることが必らずよいとはされない。結婚生活にはいっても、仕事をつづけてゆこうとする場合は、決して仕事のために、二人の家庭生活をぎせいにしてしまうような形ではなく、仕事の生活と、二人の生活を区別できるような体勢をつくることに努力してほしいと思う。こうすることで、はじめて、あなたがたは生活をゆたかなものにしてゆくことができると思う。……」

その後私は、ますます高度な技術を獲得できるシステムの洋裁研究所の必要性を感じてきたし、また、洋裁職能人のよりどころというか、温かいグループというか、技術ばかりでなく、お互いに話しあえる会や社会人としての広い意味での教養を身につけてゆく団体をつくらなければならないと痛感してきた。

そこで、多摩川洋裁学院の職員および卒業生、そして「服装文化クラブ」の一部の人たちが中心になって、K・D技術研究会が発足したのである。K・Dとは、桑沢ドレスメーカーの頭文字というのである。私は、この会は、いわゆる桑沢式というせまい一つの派ばつの会ではないのだから、K・Dとはつけたくない、と主張した。それに語呂もおかしい。しかし、この会の方針が私の主義主張がもとになるというのは事実であるし、みんなの意見にもとづいてK・D技術研究会という名前になった。しかし、どこまでも、何流をとわず、ドレメ式であろうが、文化式であろうが、伊東式であろうが、洋裁を研究しようという人、すでに研究所をもっている人、あるいは洋裁学校で教師をしている人、または、洋裁店にあるいは既製服会社にデザイナーとして裁断師として縫娘として勤めている人など、洋裁に関して仕事をしている人たちが自由に入れる会にしたのである。そして、会員制度で一カ月一度のニュースを発行すると同時に、一カ月一度の技術のあるいは教養のための勉強会を開催する方針をたてたのである。

全国から日毎に会員はふえていった。そして、東京だけでなく地方との服装をとおしての文化交流の場として、地方での研究会を催してほしいとか、支部を作りたいなどの切実な希望が多くなった。私は、この研究会の事務所を多摩川洋裁学院において、多摩川洋裁学院の研究生あるいは卒業生と結びつけてゆくような方向にもってゆきたいと願ったのである。

また一方、私は、一ヵ月一回や二回の技術の研究会の他に、また、初等教育の他に、一ヵ年あるいは二ヵ年という定期的な高度の技術の教室を獲得したいと願ったのである。つまり、研究会の会員にしても、また、多摩川洋裁学院に入学してくる人たちをみても、いわゆる、初等科の洋裁教育ではなくて、職業的なコース、とくに、本格的なドレス・デザイン教育を希望する多くの人たちに接するごとに、その必要性を強く感じてきたのである。私は、多摩川洋裁学院の経営者に、その希望をのべて、なんとかみんなの希望にそうようなシステムをもちたいと思ったのである。しかし、具体的にいえば、こうした高度な内容を盛込むには、私一人の技術者だけでなく、各方面から、例えばデザインの基礎勉強のためにあるいは、より高度なドレスの技術の教育のための一流の講師の招へいが必要である。

そう考えてくると、この多摩川洋裁学院の経営者ののぞむいわゆる一般の人のための洋裁教育という方針とは、まったく違った教育システムとなるし、第一、こうした高度な内容ですすむ場合は、研究生は少数になるし、経営上、かなりの赤字を覚悟してのことでないと成立しないのであるから、その赤字を経営者にのぞむのは無理なことは当然のことであったのである。

私は、こうした高度のコースは、完全に自分の力で研究所をもって実行してゆくより方法がないと思った。その後、この多摩川洋裁学院での一ヵ月一度のK・D技術研究会の勉強会を持つことだけでも、この経営者の考え方とゆきちがいを生じてきた。そして、その後、荻窪にすんでいる姉の許に引越した私の住いにK・Dの事務所を引きうつすと同時に、昭和二十七年に母校の女子美術大学の教室を借りてK・Dの勉強が開かれたのである。女子美術の教室を借りるようになった理由は、昭和二十七年に服飾短大がおかれ、母校というところから私に一組ないし二組を受け持つようにとの依頼があった。私は、下谷の洋裁学校で職員をしていた数人をつれて、服飾短大の授業を受け持つようになっていたのであった。

これからのデザイナー

ファッション・ショウの道

洋裁学校の氾濫により、生煮えの洋裁職能人がぞくぞく出てきはじめた昭和二十三、四年頃に、日本デザイナー・クラブが誕生した。

このクラブは、街の洋裁店を経営するかたわら、その店のデザイナーをしている人や、研究所という形で、実際的な仕事をしている人たちが、自分たちドレス・デザイナーの存在をあきらかにしたい、という欲求から生れたものである。

最初は、ストック商会の木村四郎氏を中心に、戦前からの古顔の塩沢沙河氏、北村静江氏、牛山源一郎氏、松井直樹氏、小堀ふみ子氏、鈴木宏子氏、マダム・マサコ氏、ジョージ・岡氏らに私も加わって、委員会をもち、最初に顧問として、伊東茂平氏、田中千代氏がむかえられた。そして、新進デザイナーに呼びかけ、多くの正会員、準会員をつのったのである。

その時の委員会に出かけて行った私は、

「デザイナーが結束して、こうした会ができたことは大賛成である。自分たちの作品を発表する共同の機会をもつだけではなく、クラブはお互いの技術の交換や、新進の人たちに対して、親切なガイドの役割をもつことが必要であると思う。そして、この会で、デザイナーおよび裁断師、縫製師等全体をふくめたユニオンをつくるべきではないか。大体日本の洋裁技術家が社会に出て職能人になる段階が、フランスやアメリカとちがって、職能学校もない状態であるから、この会のプロ的存在であり、洋裁店および百貨店という職場をもっている正会員および顧問は、今後、職能人としてすすもうとする準会員の指導というだけでなく、就職斡旋の分野まで仕事をひろげてほしい」ということを提案した。

こういう理想は、もちろん私一人でできることではない。しかし、私がかねてから夢みていた、プロのユニオンの結成、新人の養成から職場までの一貫したコースの完成、というようなことが、このNDCの発足を機会に実現できればと願ったのである。私一人では、不可能と思われることも、先輩の先生方や、技術家が、個々の派閥意識を越えて、協力すれば必ずできるにちがいないと思ったからである。

昭和二十四年に毎日新聞社主催でおこなわれたティナ・リーサ賞のコンテストを皮切りに、次々とコンテストが催され、当時これはデザイナーを志す新人のひとつの登竜門のようにいわれていた。私は、あるコンテストの審査員席で、隣り合せた中原淳一氏のいった言葉を思いだす——。

「桑沢さん、こういうことをして、僕らが点数をつけて、それで結果はどうなるんだろう」——つまり彼が言ったのは、一着の着物で果して、作者の真価がわかるか、ということ、また賞に入った新人はその後どういうコースですすんでゆくんだろうか、ということだと思う。コンテストの流行は、コンテスト・マニアという特種な人種を生んだようである。洋裁学校を出て、なおデザイナーの道にすすむためには、まずスタイル画を達者にかけるようになって、コンテスト・マニアになる——といったコースしか、勉強の道はないものだろうか。私はこうしたことによる新人のコースを考えてみると、ますますより適確な職能教育の必要を痛感した。

NDC第一回のファッション・ショウは、昭和二十四年、日劇のステージ・ショウのなかにおりこむという形でおこなわれ、モデルは、日劇ダンシング・チームの踊り子たちであった。このタイアップは、NDC売り出しのためには、派手な企画ではあったが、もちろん、本格的なファッション・ショウには、ほど遠いものであった。NDCの幹部たちは、皆で知恵をしぼり合って、会の発展のための新しい企画を生みだそうとした。

そのうちに、白木屋でNDC傘下のデザイナーを総動員して、展示会を開くことになった。デザイナーと仮名で書くと、いかにもモダンで、割り切れた人間関係が、あるように思えるが、実状は、旧い師弟関係や、先輩後輩関係が複雑にいりくんでいる。いよいよ、会員の作品を展示しようということになって、場所の選定にかかると、この複雑な関係が障害になりはじめた。展示のためのディスプレイなどということは、どこかへいってしまって、デザイナーが、自分の作品を並べるのにまったくデザインを無視して、先輩順に陳列するといったおかしな結果となってしまった。さらに、この展示会を利用して、店の名を売りだそうとする洋裁店が、展示作品に自分の店の名前を入れてくれといいだして、白木屋とNDCの間にはさまった、会長の木村四郎氏をなやませた。こんなところにも、NDC運営のむずかしさを見ることができる。これと前後して、『婦人画報』に、NDCの正会員の作品を数頁にわたって掲載することになった。もちろん、会としてはあらゆる機会を利用して、会員のデザイナーを売り出そうとしていたわけであるから、よろこんで、この企画にのったのであるが、またまた、頁の割付けのうえで、面倒がおきた。誰の作品は大きすぎるとか、誰の作品は小さすぎるとかいう、編集上の問題にまで、たち入ったイザコザが起って当時の編集者を困惑させたのであった。

こうした問題をいろいろとはらみながらも、何しろNDCを中心に、服飾デザイナーを、ジャーナリズムにのせよう、そして大衆にわかってもらおうという努力がつづけられた。当時は、雑誌や、スタイル・ブックに、会員たちは、制作費、原稿料ぬきで、デザインを提供するといった無理さえもしたのである。

この間、ファッション・ショウだけは、二十六年には二回、銀座のキャバレー・美松で、二十七年には帝劇、二十八年には東京会館という風に、確実に催されていった。しかし、この頃になると、NDC専属のモデル・クラブ（T・F・M・C）がうまれ、ショウのやり方も、生地メーカーと密接に組んだために、まるでその宣伝機関ででもあるように、完全に興業化してしまった。たとえば、○○タイムとか、××アワーとか、スポンサーの名をつけて、デザインをステージにのせるショウになったのである。

その後、NDCからNDK（日本デザイナー協会）が分裂するということがおこり、これらの二つの組織が、競って、ショウを催すようになった。そして、これらのファッション・ショウの一般にあたえる影響は、今後の日本人の衣生活の方向を示すどころではなく、観衆にいたずらに、錯覚と混乱を起させることとなってしまった。これは、中原淳一氏のいうところの、現象的には、みせるファッション・ショウと、着せるファッション・ショウを混同するところから起ってきたのであった。

考えてみれば、NDCの委員会に出て行って、私が望んだ、洋裁師のユニオンとしての活動ということは、実状からいって、NDCやNDKには無理なことであった。日本の洋裁師全体に対する愛情、個人ではなく社会全体を大きく考えてゆくという根本のところで、すでにくいちがっていたのである。

デザイナーとは、人間生活、衣や住といった基本的な生活一般の設計と変革を、人間の内部にまで、思想と神経をとどかせながら、しかも、外側からおこなっていくものである。だから、ほかの芸術、詩や文学といったものよりは、はるかに強くまた直接的に私たちの生きている環境、資本主義社会の政治や、経済に支配され、影響されるものだ。ドレス・デザイナーの場合も、もちろんそうである。私たちのデザインは、消費者大衆のためのより合理的な衣生活を目標にしての表示であり、親切なガイドの役割を果そうという、ヒューマニスティックな態度に貫かれていなければならない。そして、そのための工夫、研究がどしどし行われることが望ましい。

しかし、同時に、いくら高度で、高尚でも、大衆が着られないような、高価で、突飛なデザインでは、いわゆるショウ用には向いても実用性はない。つまり、消費者が、それを着てくれなくてはどうにもならない。はっきりいえば、ドレス・デザインというものは、本質的には生れた瞬間から、実用性を担っているといってよい。

だからデザイナーは、デザインを発想する最初から、商品を意識してかかるということが、大変にある。この要素が、商業主義に足をさらわれる結果に陥入り易いのではあるが、この商業主義のあいだをかいくぐって、衣生活の合理化と、美化を進めなければならない。

そのために私たちは、一方では、生地メーカー、デパート、小売店と結んで、よいデザインを商品化するように努力し、他方では、消費者へ向って、合理的な衣生活を設計するような働きかけを、進めなければならないと思う。

それにしては、いままでのファッション・ショウは、あまりにも、いわゆる「ショウ」になりすぎていたのではなかろうか。だから、私はこれからのファッション・ショウは二本立てでいくべきだと思っている。ひとつは、純粋にデザイナーの意志でまとめた創作作品を発表するショウで、これは、一般の人に公開しないで、服飾界のデザイナーたち、服飾評論家、ジャーナリスト、布地メーカー、百貨店、小売業者、既製服業者などその道の玄人連中だけの間で行われるものである。もちろん、この場合は新しく生地をつかうことになるし、生地メーカーの協力も必要になるわけである。そこで、各デザイナーは、自分の進む方向を、あるいは注文服、あるいは既製服、男物、婦人物、子供物、レイン・コートといった工合に発表する。また、新人を推薦して発表をさせる。発表された作品は、バイヤーがついて、型紙その他の取引ができるようにする。つまり、パリ・コレクションのオープニングのような形をとるわけである。

また、いまひとつは、消費者との結びつきを強化するためのショウである。その意味から布地メーカーあるいはデパートとくんで、布地の宣伝をも兼ねたファッション・ショウを行うのである。つまり、直接この布地は一ヤールいくらいくらというふうに一般の人に見せてゆき、布地も売れそのデザインは実際に着られていく、といった、本当の意味での消費者とのつながりのための展示あるいはショウである。
ファッション・ショウが、こういう方向に少しでも近づいていくことを私は望んでいる。

既製服会社

戦争直後の海外モードが入手できない頃、アメリカン・スタイルというスタイル・ブックを発行し、営業的には大変成果があがり、引きつづき、編物の別冊や『流行』という雑誌を発行していた、いわば、戦後派の出版社があった。

鳥居達也氏という三十才そこその青年社長の経営する「織物出版社」である。相棒の瀬戸忠信氏をはじめ、数十名の編集者をそろえていた。彼はいつもいっていた。「私の社の平均年令は二十四~五才です。戦後の若い人たちの気持は、若い人でなければ判らない。私のところでは、読者の意見を調査して、それによって、若いわれわれが自由なアイデアのもとに編集してゆくのだ」と。そして、いつも統計表をみせてくれては、あわを飛ばして私に、彼の理想や抱負をのべるのである。私は、その、彼のぐんぐん押してゆく若さ、ややもすれば、特攻隊的といおうか、彼の旺盛な意気に、いつもまくしたてられるのを感じていた。

彼はまた、彼の独自な販売政策を次のように語っていた。「僕の営業方針は、小売店に販売部員を歩かせて、サービスにつとめさせるが、その時、必らず買ってゆくお客層を調査させている」というぐあい、ポスター一つの貼り方にも気を配り、お店で必要な小売店向きの記録帳「お得意様名簿」などを配って、販売成績の向上につとめていた。

彼が『流行』という雑誌を発行する時、内容について是非意見を聞きたいから、というので呼ばれた。彼は「今度の雑誌は、若い編集者に全部まかせてやって貰うことになった。私は皆に、ここにある資金は、みんな自由に使ってやってくれ、失敗してもよいからやってくれ……といっている。この雑誌のゆき方は、簡単にいえば、代表的な大衆雑誌『平凡』を目標にしている。百万人の読者を対象にした、気どらない庶民的な服飾雑誌ということだ。したがって、表紙は、赤や黄やグリーンだ……」という。

彼の話しをきいていると、相談を乞う、なんていうものではない。彼の頭に描いた計画をのべたてて、それをきいて貰えば満足する、といった状態である。

次の彼の構想は、一流デザイナーの既製服会社の設立であった。

一流デザイナー、すなわち、杉野芳子氏、山脇敏子氏、中原淳一氏、藤川延子氏、その他、伊東茂平氏も田中千代氏も、また、私も全部含めたデザイナーのデザインを既製服化しようというのである。そして、デザイナーにも株主になって貰っての協同営業にし、その販売ルートを日本専門店連合会（日専連）にしたいという。

この日、鳥居氏の相棒である商店経営法の指導者某氏を紹介された。彼は、日専連との橋渡しの役として、また、新しい会社の一員にもなるという。彼らは、「これからの販売対象は、デパートではない。中小企業の小さい商店、しかも、一流デザイナーの製品を扱うこの会社の製品は、専門的高級品を扱う日専連系統の店でなければならない。新しい会社は、一流デザイナーの製品を流すのである。これこそ成功うたがいなし」というのである。

もともと私が、大衆的な既製服の夢をみ、その実現を考えていることは、鳥居氏もよく知っている。「桑沢さん、あなたは、他のデザイナーより以上に、この会社のために働いて下さい。つまり、デザインするだけでなく、布地のメーカーや縫製工場との接触面を担当して下さい。あなたの現在もっている学校その他、全部なげうって、この新会社に入りこんでやって欲しい。縫製工場の設立も、すぐやるつもりです」というわけだった。

鳥居氏らは、この既製服会社の設立のために、既存の既製服工場、生地の卸屋、マネキン会社などの商社の協賛に奔走し、某パターン・デザイナーの紹介で、生地の権威者だというふれこみで、一人の布地調達者も、重要な立場で入りこんできた。

私は、この構想に、全面的には反対しなかった。当時、たしかにドレス・デザイナーが業界に進出したとはいえ、先生という立場でかつぎ上げられて、試作させられ、名前だけ宣伝されているという状態であって、本当に皆がきられるものをデザインし、商品化する段階をだれ一人としてふんでいなかったからである。

雑誌やスタイルブックに発表したり、ショウ形式などで意志表示するだけでは、本当のデザイナーの仕事ではない。デザイナーは、自分の作品を製品として正しいルートにのせて、一般の人々に着せてゆき、その上で、正当なデザイン料を得るところに、本当の仕事があると思っていた。また、私がいつも考えている、トップを切って矢面にたってゆく人たち――ここでは一流デザイナーという人たち――は、後進のためにすべての道をひらき、新人の仕事がやりよいようにしなければならないということにも、この企画は願ったりかなったりだった。

私は、たしかに、この素晴しい鳥居氏の構想に魅了されていった。

だが、どうしても私にげせないことが一つあった。それは販売コースである。戦後、急速に購買力を集中しつつあるデパートに対抗する云々、それから都市のサラリー生活者から農村の人々にまで、日本全国の消費者に売込むという高飛車な考え方、地方行脚その他で痛感していた地方

既製服会社

の消費者の生活や考え方が、二十年ぐらいおくれていること、しかもその人たちに、新しいモードや、いわゆる個性的な感覚の濃厚な一流デザイナーのデザインが早速に受け入れられるかどうか、という疑問である。鳥居氏と商店経営の指導者某氏は、いつも、「なんといったって、千軒近い日専連の商店が、全国こぞって買とり制で買ってくれるのだから……」といっていた。

私はその後、京都、東京、そして岡山の日専連の会合、商店主の集ってくる会合に、鳥居氏と某氏について出かけていった。私は、そこで、次のような情勢をキャッチした。

日専連の擁している商店は数千軒あるそうだが、その中、服飾関係の商店、その大方は、洋裁店と称して生地を売ると同時にオーダー・メードをしている店、生地と既製品を売っている店、生地販売だけの店、この生地販売も地方の場合は、呉服をかねたいわゆる昔ながらののれんのかかっているような店などを合わせて某氏は千軒という。しかし、皆の話しでは八百店、かたいところで五百店ぐらいではないかということである。しかも、この五百店の中には、とうていわれわれのデザインを取扱うことができない呉服業という店もまざっていて、専門的な高級品を扱う商店は、おそらく二百店いや、数十軒にとどまるのではないかという予測である。

東京での会合は、東北・北海道の商店主が集ってきたが、そこでは、「第一われわれの土地のお客層は、先生方のデザインを買う人たちではなさそうですね。うんと大衆向きのものでなければ、仕入れられませんよ」「株ももたされた上に、売れもしないデザインを買取りさせるなんて、一寸あぶなくて……」「先生方のデザインは店の看板にはなるから、欲しいことは欲しいんだが、見本市のように、まず沢山デザインを作って貰って、その中から、選ばして貰うのですな」などという意見がでて、なかなか、すっきりとはまとまらなかった。

その後、話合いだけではらちがあかないので、ついに岡山の日専連本部の大会議に、杉野氏、山脇氏、中原氏、藤川氏と私の、デザイン見本を持ってゆき、土地の喫茶店かキャバレーかのサービス・ガールに着せてみたのである。この岡山での会合には、その時分から、私と共に仕事をしていた、前述の高松太郎氏も一緒であった。彼は、この既製服会社の設立および運営の内容方針については、はじめから疑問をもち、私が、何もかもなげうって飛込もうとする危険を感じていたので、心配のあまり同行したのである。彼は、私に、再々「先生のこんどの仕事は、たしかに既製服の製作によって、より具体的によいきものを、多くの人に着せてゆくという理想を実現化するという意味もあり、またその立場もよくわかるが、しかし、先生にはもう一つ大きな仕事があると思う。それは、現在までもしてきた確固たる職能教育の道です……」と忠告した。

この岡山での見本ショウは、服飾関係の店以外の、食堂や旅館の経営者その他の違った職業の人が多く集まっていた。着せてみた既製服をみて彼らは、これはいいとか、これはおかしいとか、洋服より、この女子《おなご》ベッピンやなあ……などと、勝手な無責任な批判があっただけで、この既製服会社のゆき方とか、それに対する意見などは、まったく出るどころではなく、鳥居氏や商店経営の指導者の某先生が、とうとうと、新しい会社のなりゆきや理想を述べると、「話が長いぞ、引っこめ！」などと弥次が飛ぶような有様であった。

私は、こうした日専連の実状をみて、これでは、鳥居社長の考えている千店あるいは数百店の小売店が、こちらのデザイナーの考えた数点のデザインを無条件に買いとるところまでは、とうてい いかないと思った。おそらく百点から二百点位のデザイン見本を都会むき、地方むき、というように作って、その中から各店の希望するデザインを選んで貰う以外には方法がないと思ったのである。しかも、それでは、いわゆる、今までの既製服屋さんのゆき方と、少しも違わないことになる、ということであった。

すでに私には、そのなりゆきが眼にみえるように感じてきたのに、鳥居氏と某先生は、依然として、日専連側の買いとり制を信じきっていた。

私は、この会社に対して、はっきり私の考えをのべることにした。「私は、この新会社の方針について賛成はしている。しかし、自分の学校その他の仕事を全部なげうって、この会社に入り込むことはできない。なぜなら、この日専連の販売コースについては疑問が多すぎる。そうした、一番重要な営業内容に対して疑問があるままに、生死をともにしたくはない……。であるから、今後は、他の先生方と同じような立場でお手伝いをしたい……」と声明した。

この声明に、高松氏はもちろん、協賛を希望されていた七彩工芸の向井良吉氏も、私と同じような疑問をもっていたので、賛成してくれた。

会社側は、鳥居氏と商店経営の先生と、そしてパタン・デザイナー某氏であったが、それでもまだ、日専連に対して、どこまでも信用しきっており、さも私たちが、既製服会社設立の希望をくつがえすのではないかというように曲解して、かなり論争があったが、私は冷静な気持で今後のこの新会社に対して蔭ながら援助する約束をした。

ともかく、この会社はデザイナー・ドレスという社名で二十八年の初春に、帝国ホテルで華々しく招待ショウを行って開店した。五人のデザイナーに対する顧問デザイン料は、一カ月一人五万円、一点デザインした基本料金というものが七千円、数量に対する印税が、卸値価格の$\frac{1}{100}$ということであった。その春のデザインとして、五人が各々三点ずつデザインを出した。そして、合計十五点の新型を、各小売店に一組として買とり制にするようにした。

そうこうしているうちに、春から夏のシーズン向として、第二回目のデザインをする頃になった。案の定新会社の行先に寒々しい予測をあたえるような現象が早くも見えてきた。

某パタン・デザイナーの紹介による繊維方面の権威という前述の生地係が退社させられて、次の資本関係の繊維の卸屋係の人たちが入社してきた。営業部の話をきいてみると、どうも日専連の方は思わしくなく、買取りなんて、今となっては夢のような話しさ、ということである。その上重役におさまっていた、パタン・デザイナー某氏の仕入れの手違いで、だれも記憶のない到底つかえないエバグレーズを数百反仕入れなければならなくなって、設立費だけでも苦しいのに、そのための膨大な支払いを要求されているという始末であった。

そんなわけで私たちの顧問料五万円は、二万円になり、しかもたしか一回だけ貰ったというような結果になったのである。

ついに、秋には、日専連にあいそをつかして、皮肉なことに銀座の松屋に、上野の松坂屋というデパートを対象にして展示し、販売するようになった。そして、約一カ年で、この鳥居氏の描いた膨大な既製服屋は閉鎖という憂目をみることとなったのである。そして、これが原因で、それまで活潑にやっていた出版社の方も一年後に破産ということになり、今では、債権者の運営のもとに、ささやかな服飾関係の出版をしているようである。

私は、今ここで、若い鳥居社長の失敗談をのべることだけで終りたくない。この若い社長の描いた既製服会社の構想は、たんなる商売の儲けんがためのものではなかったことは事実であるし、また、私たちデザイナーを利用しようとしたものとも思われない。

雑誌やスタイル・ブックによる、誌上だけでの消費者との結びつきを、より実際化してゆくこと、そして、日本のすみずみまで、合理的なよいデザインのものを、安価な既製服という形で着せてゆきたいという理想を、実現化しようとしたに他ならなかったろうと思う。私も、鳥居氏と同様に、いつかは、こうしたすじの通った既製服の実現化を夢みている人間ではあるが、鳥居氏の場合を考えてみると、頭の中に描いた構想を現実的にぶつけていった場合、そこに出てきた障害を、素直に客観的にみることができず、自分の頭の中だけの解釈ででっち上げようとした結果だと思う。いいかえれば、一種の理想主義的な考えから起きた悲劇ではなかろうか。

私たちデザイナーは、はじめから、この新しい企画の既製服会社から、到底払えそうもない顧問料など、貰いたいとは思わなかった。むしろ、自分たちのデザインした服が、本当の意味で、大勢の人たちに着られてゆくコースを考えて協力したのである。山脇氏などは、いつもいってい た。「いいゆき方の会社だし、始めから顧問料なんか貰いたくないんですよ」また、出版社がつぶれた時の債権者会議の席上で「鳥居さんて、本当によい人ですよ。みなさんなんとかしてあげてください」と。

だが、私は、どんなによいプラン、新しいプランであっても、日本の現状、生活の実体を知った上での行動であり、経理上の確固たる方針がたたない以上、熱だけの行動は、多くの関係者に、また、下積みで生命をかけて働いてくれる人たちに、大きな迷惑をかけることになることを知った。私は、この新会社では、自分のことのように心身ともに疲れたが、一面、私にとっては、本当によい勉強になったと思っている。

既製服会社の前後に記録しておきたいことは、僅かに一カ年であったが、この新会社によって、はじめて基本デザイン料と、印税式のデザイン料が、実際に支払われたことである。おそらく、これまでの習慣では、デザイン料というはっきりした名目で、支払われたことがないといえる。雑誌やスタイル・ブックでは、原稿料の形で、メーカーの展示会の場合は、御礼という形で支払われていて、その金額も、ばらばらで定っていない状態である。普通、原稿料としては、一点千円から最高五千円まで、御礼という形式では、一点三千円ないし五千円が相場で、一万円という場合がまれにあるという、いずれにしても、大変はっきりしないデザイン料なのである。

機屋訪問

戦後アメリカの合成繊維ナイロンが、ぐんぐんのびてきて、日本の絹の生産、輸出に大きな恐慌をきたしたことはいうまでもない。また、日本の繊維界では、合成繊維ビニロンおよび、捲縮スフ・人絹ベンベルグなどのレーヨン・半合成繊維アセテートなどの化学繊維の研究がつぎつぎと重ねられ、性能をより適確にするためのウールや綿などとの混紡・交織によって、新しい繊維製品が作られるようになってきた。これは、戦前とはまったく違った現象であり、服飾界に大きな波紋を投げたといえる。

一方、この化学繊維に負けずに、天然繊維の絹や木綿・毛織物も、戦前と同じように復活してきて、ついに繊維界は、生産過剰の状態になってしまった。これは軍需産業が平和産業に切替られたことと、海外への輸出が封鎖されたためであるが、いずれにしても、国内向けの繊維製品がぞくぞく市場に出てきて、繊維業者は、売らんがための宣伝にきゅうきゅうとし、消費者は消費者で何を買ったらよいのか、その選択にまよう始末である。

日本の繊維製品の作り方をみていると、質的な向上や、織方の工夫には努力しているようであるが、デザイン上のことになると、あまりにもずさんな考えで作られていたように思う。その作り方は、だいたい海外のサンプルをみて、その中から、これはよさそうだということで、一寸だけ色や柄を変えて作るといった工合で、出来上った生地が、どんな風にドレスに使われていくのかまったく知らないままに、織物として作られているのが常識のようだった。

ところが、だんだん消費者の選択の眼も肥えてきたし、競争相手も多くなってきて、デザイン上の研究の必要を感じてきたのである。

もともと日本の商品の作り方といおうか、メーカーは、原料とか営業費とか宣伝費などには仕方なく予算をとるが、デザインに関しては、いっさい予算をたてないのがあたりまえとされているようである。つまり業者のそろばんでは、デザインというものはオミットされているのである。ではいったい、海外のサンプルをお手本にする以外に、どんな方法で織物の色・柄・織り方を考えられるのであろうか。……多くは、売る側にたった営業部・セールスマンが、「これは売れる。これは駄目だ」という一種の勘だけで、適当にデザインしてしまうらしい。

ある編物業者の集りで、私と機械編物の専門家が、その業者の作った製品の批判をした時に感じたことがある。それは、一着の婦人用スェーターをみて「どうして、こんなに、チャチな飾りをつけるのですか、この飾りをとった方が、ずっとよくなると思うのですが」と私がいうと、その業者は、「実は昨年の秋に、このスェーターがよく売れたので、今年もその調子でゆきたいと思ったのですが、昨年のままのデザインでデパートの仕入部にみせても、買ってくれないのですよ。ですから、ちょっと変った感じにするよう、飾りをつけたのですよ」といった。

また、デパートから生地のサンプルをみせて貰ったことがある。そのなかに、とても美しい、しかもだれにも向くチェックの化織があったので、「これはなかなかよい」といったら、仕入部の人がいうには「実は、昨年の秋にこれが大変よく売れたので、今年もと思うのだが、昨年と同じでは、どうも、と思って、ちょっと赤い線を入れるように卸屋に注文をつけているところですよ」と編物業者と同じようなことをいっていた。私のみたところでは、赤の線を入れたのでは、かえってよくないのである。しかも、このデパートでは、昨年作った卸屋に頼んでやるべきものを、別の卸屋に注文つけて作らせるらしく、これでは、デザインの盗用をうながすことにもなるのではないかと思った。

私は、こうした話をきいて、売れるものは尊いと思うし、しかも売れるものがよくなっている。消費者が、私たちの考えている合理的なもので、実際に役立って着られるものを選ぶようになってきている、ということだ。ところが業者の方は、それを土台にして次のシーズンにさらに質的により高いものを作るといったことを、少しも考えようとしない。たとえば、プレーンな何の飾りもないスェーターが昨年売れたら、昨年の編目をさらによくするとか、色をより豊富にそろえるとか、チェックの生地の場合、色彩のバリエーションをより多く作るとかすべきではないのか。そして、卸屋やデパートの仕入部、さらにメーカーもふくめて、「大量のものは地方向きだ。地方の人たちはセンスがよくないから、いわゆる大衆向きでなければ駄目だ」というような観念的な考え方で、生地を作らしたり、作ったりするところから早く抜けきらなければだめだと思った。

いずれにしても、商業主義の上に立って競争しなければならない、宣伝をいっそう盛んにしなければならない、そして、デザインも今までのやり方では駄目だから、専門家の意見をきかなければ……という傾向になってきていることは事実である。また、意見だけでなく、織物のデザイナーを会社に抱えなげれば、という考えに傾いてきたようで、一流のデザイナーが、生地メーカーの顧問になるとか、芸大出のパタン・デザイナーを抱えるとか、いう時代が到来したのである。デパートとか、小さな中小企業の卸屋さん、その下で織物を作っている小さい機屋さんまで、自分のところで作る織物に関しての意見をマス見本（一つの織物の組織や柄の型を一〇センチ四方位につくった見本）を持って、私たちデザイナーの意見をききにくることが多くなってきたのである。

三十年の五月頃だったと思うが、新潟の見附と栃尾というところの機屋さんから、現地に出向いて、今後の生地のデザインについて話してくれないか、という依頼があった。私は、私一人では、そうした責任のある答えはできない。古くから、デパートで仕事をしていて、しかも、庶民的な角度から愛情をもったデザインをされる、伊勢丹の顧問デザイナー、近藤百合子氏と、倉敷レーヨンのビニロンについて研究されている、織物研究家の柳悦孝氏を招かなければ、あなた方のご期待にはそえないのではないかと答えた。

そうして、私たち三人は、上野から上越線に乗ることになった。

この二つの機元は、もとは、絹の反物を作っていたところで、戦後、化学繊維製品に切り替えて、いわゆる大幅の洋服生地を作っているところである。ちょうど、倉敷レーヨンの技術部長今村晴夫氏も現地で一緒になった。この機元で判ったことは、この見附にしろ栃尾にしろ、大方は、化学繊維の大メーカーから、ビニロンとか、スフ、あるいはアセテートの原糸を買って繊維製品をつくり、それを卸屋に納めてゆくコースである。つまり、化繊の大メーカーの下請けをしているのではなく、メーカーから綿（原糸のこと）だけを買って製品にしたものを、卸屋におさめるとか、また機元と卸屋をかねているようなところでは、直接自家製品を、小売店としてデパートに卸しているのであって、倉敷レーヨンとか、東洋レーヨン、旭化成、あるいは東邦レーヨンなどの大会社は、ビニロン、あるいはナイロン・ベンベルグ、捲縮スフなど、これらの機屋に綿で卸しているに過ぎないのである。もちろん、これらの機元が、大メーカーの直接の下請けとして、その会社のチョップ（会社名で売出す製品）ものを織っている場合も当然あるが、私たちがみた見附や栃尾のその頃の状態は、チョップものはやっていないようであった。

しかし、綿をわけた以上は……ということで倉敷レーヨンの技術部長が、その綿の扱いやその他の指導のために、こうした小さい機元まで出向いてくることを知った。

私たちは、織物の現場をみせて貰った。また、各工場の技術家が、自分の工場で、これから作ろうとしているマス見本や原反、彼らが参考資料としている、イギリスやフランスの織見本などもみせて貰った。

イギリスのウールの織見本は、金額は忘れたが大変高価なものである。おそらく、この一カ所の機元ばかりでなく、日本全国の織物会社あるいは研究室でも、この高価な織見本をそれぞれ買っているのではなかろうか、そして、その見本だけに支払われる輸入金額だけでも相当な額になると思った。柳氏は冗談とも本当ともつかず、「だいたい、毛織物の本場はイギリスには違いないが、無条件にイギリスのウールがよいとは考えられない。それより、日本の織物のデザイナーが、こうした見本を作るべきだ。そうすれば、外国へ高価な費用を出さないですむ。その方が、第一、立派なオリジナルなものができることにもなるだろうし、日本人向きの適確なデザインができることにもなる……」といった。

柳氏は、ビニロンは品質としては、アメリカの合成繊維にも匹敵すべき優秀な化学繊維で、国産のナイロンともいうべきものである、しかも、もっと需要度が高くなれば、それだけ、繊維そのものもよくなるし、安価にもなるにちがいないということで、まえから研究をつづけており、製品の大量生産化によって、消費者に、日本の優秀な国産品を使ってもらうようにしたいという意見をもっておられた。

私はかねがね、日本人が敗戦国の貧乏な生活の中で、センスがいいとか、よいもの好きだとかいって、海外のものといえば有難がる傾向を困ったものだと思っていた。もっと、今育ちつつある国産品に愛情をもって使ってゆくようにしなければと思っていたので、柳氏の意見には、まったく大賛成であった。

この機元の技術家たちは、新しい繊維に対して、非常な熱意をもって研究に研究を重ねていた。そして、柳氏も近藤氏も、また今村氏も、よいマス見本をみると、大いに喜こんで絶賛した。反対に悪い色調のものをみると、細かい技術的な注意や、デザイン上の勘違いなどを指摘した。近藤氏などは、「ドレスの用途や形式の図表などを持って、また改めてきましょう」とさえいった。それは、どんなシルエットのドレスに、どういう織物がマッチするか、織物を作る側にはまったく判らない状態であったからである。

こうした、具体的な織り方や色調などについて四人がいろいろな示唆をあたえたあとで、座談会になった。その座談会の後半の主な話題は、機元の生き方についてのことにおよんだ。このわれわれを、積極的に招へいしようと努力した機元の主人が、次のような質問をした。

「今日ごらんの通り、この町全体が機屋である。しかも、大メーカーの直系でなく、細々と生計をたてている機屋である。私たちは、終戦後からは、化繊を中心にして、各シーズン毎にいわゆる流行ものという毛色の変ったものを作っている。

一年を通じての堅実な製品、いいかえれば底を流れて、この機元の基本的な地道な収入となる製品は、スフ・サージやスフ・ギャバジンである。ところが、だんだん化繊の大メーカーが、この大量に使われるスフ・サージやスフ・ギャバジンをチョップものとして作っていくようになったため、私たちの一年を通じて作っていた堅実なものが作れなくなってきた。そこで私たちは、卸屋や小売店がいうままに、断片的な流行ものの製品を作るようになり、また、苦しまぎれに、くずしてはならない値段もくずして、粗悪品を作るような結果になってくる。それは、こうした小さいその日暮しの機屋であれば、生計のための余儀ないことと思われるし、またその危険を感じて、先生方をおよびしたわけである。いったいこれから、私たちのような小さい機屋連中は、どういうものを作っていったらよいだろうか、流行ものはともかくとして、今後、堅実なものとして、一年中生産できるようなものは、どんなものであろうか……」

われわれは、切実な、中小企業形体の機元の苦しみを、生々しくきかされた。三人は異口同音にいった。

「サージやギャバジンだけ考えてみても、今出ているもので、一般の人は満足しているとはいえない。もっと、ギャバならギャバを土台にして、より糸づかいのよいもの、技術上大メーカーにはできない高度のものを、色彩なども、単に紺や茶ということでなく、大メーカーの大量生産ではできない、深みのあるよい色合、風合のものなどを作るべきではないかと思う。例えば、シャークスキンやフランス綾風のもの、レインコート用のツイル（綾織）風ものなど、堅実で、しかもしゃれた布地など作ったらどうか」

しかし、彼らは、そうした堅実な高度なものは、大衆性がないし、右から左にどんどん売れるものでない。したがって、資本をねかさなければならない。私たちは、一カ月の資本もねかすわけにはいかない切実な状態なのだというのである。

私たちは、さらにつけ加えた。

もちろん、現実的には、全部の資本をねかせ……というのではない。一パーセントでも二パーセントでも、今後やらなければならないものの資本として、ねかしてゆく計算をして欲しい。いつかは（そう遠いことではない）必ず高度な堅実なものが数多く出る時がくる。最近の消費者は、そのようなよい布地を、欲しがるような傾向になってきたといえる。われわれの場合も、決してその場その場の経済事情だけで動いたり、働いているのではない」

その夜、機元の人たち数人と食事を共にした。食事が終って、一人の会社員風の若い男が、私たち三人に近づいてきた。土地の銀行員であるとのこと。この銀行員は、次のようなことをいった。

「本日の先生方のお話しをずっときいていたが、本当に、この機元の人にとっては、大変よい示唆になったと思う。しかし、先生方のおっしゃる通り、今後のいき方、つまり堅実なよい生地を少量でもよいからつくってゆくように……ということは、果して大丈夫であろうか、失敗に終ることはないであろうか。私はこの土地の銀行につとめているものである。ご存知の通り、この土地は全部機屋さんで、私の銀行は、この機屋さんのおかげで営業しているのだが、今日の先生方のお話しの通り、もし、この全部の機屋さんが動くとすると、その資金方面にたいへん影響してくる。もちろん、私は、この機元が、ぐんぐんよくなることを祈っているし、また、大いに尽力したいと思っているが、見通しがつかない時には、いいかえれば、先生方のおっしゃる見通しが誤っていたとすると、資金を融資した私の銀行も、また、この機元全体もつぶれてしまうのである」

この熱心な銀行員の言葉は、私たち三人の気持をいっそう緊張させ、ふるいおこさせ、デザイナーの責任の重さを痛感させせられ、また日本のこうした生々しい実情を打開することのむずかしさを知らされたのである。柳氏は、

「君、私は、機元の人たちが今日の話を本当に正しく解釈してさえいれば間違いないと思う。われわれは、決して今の資本主義の機構に対して通用しないような理想だけをぶっつけでいるのではない。われわれは、いつも、次のよりよいデザインのために仕事し、それをなんとか多くの人に使って貰うように努力をしているのである。われわれは、全部が全部、新しいものに切替えろ、といっているのではない。ほんの一部でも、次のことの研究に費やせ、そのための一部の資金の停滞は見越せ、というのである。君、そうした場合は、進んで、みんなに資金を融資してくれ、頼む」

と、いった。

近藤氏も、今村氏も、また私も、そばできさながら、眼がしらが熱くなる思いであった。われわれもともに、次のよいこと、真面目なよいデザイン、よい商品のために、闘ってきたのだから。

この新潟から帰りの車中、三人は、こうした日本の実状を愛情をもって理解できる服飾界の技術家、織物家、デザイナーのグループをつくりたいという話しに熱中した。そして、今後の国内の服飾界の堅実な方向に対して、ひいては海外の織物――ドレス・デザインも含めて――の輸出の面でも、お互いに協力しあおうと話しあった。

じつは、この機屋訪問の直前、二十九年の秋に、ユーゼン(友禅)・ショウというのが、アメリカ、主としてシカゴ(ニューヨークも予定されていたが都合でとりやめになった)で催された。これは、日本のドレス・デザイナーが、日本の織物をつかって、デザインした作品をアメリカにもっていって発表したショウである。

京都の織物卸問屋の若い社長志賀政雄氏と、アメリカ在住の二世で金子女史というコオーディネーター(調整役)とが組んで企画し、毎日新聞社の後援であった。

グラフィック・デザイナーの河野鷹思氏が、ある日、この金子氏を私のスタジオにつれてみえた。その時の金子氏の話では、最近アメリカでは、日本的な感覚のものを好む傾向が強くいわば日本調《ジャポニカ》ブームともいえる。「しかし、私は、低俗なものではなく、本格的に日本的なもの、しかも織物だけの紹介ではなく、日本のドレス・デザイナーのつくったものを紹介したいと思う。それをアメリカへの輸出デザインにまでもってゆければ、と思う」とのことであった。

選ばれたドレス・デザイナーは、伊東茂平氏、田中千代氏、メイ青木氏、藤川延子氏と私で、和服デザインでは、京都の千己津彦氏と河野鷹思氏であった。

私は、私の作風からいって、絹のドレスでなく、木綿を、あるいは日本の化繊を使って、素朴な遊び着やふだん着をつくりたい、と希望した。金子氏の意見も、モンペ風のものが大変よろこばれているから、ぜひやってほしいということであった。そこで私は、柳氏に生地のデザインをたのんだ。その生地は、木綿と、木綿とビニロンの混織の手織りであった。ともかく私はこの生地を使って数点のデザインをした。考えてみると、これらの生地は、木綿とはいえ最高級の生地であるから、このままではとても商品化ということまでは考えられなかったのではあるが……。

これらの作品は、アメリカに送られるまえに、東京の椿山荘で、一般に公開された。

その後、シカゴでのショウの反響や、私のデザインに対する批評を、金子氏はつぎのように書いてよこした。

「私は、アメリカでいくつかのショウをしましたが、貴女の遊び着が非常にうけたということを御報告するのは嬉しいと存じます。貴女のきものは、本当に売れるものです。大きなデパートの見込みあるバイヤーたちと、わたりをつけようと思います。貴女の遊び着は、他の街より南カリフォルニヤで非常に評判がよいということに気がつきました。とくに、モンペと白のハッピ・

コートのアンサンブル（口絵写真参照）は、とても成功をおさめましたが、あまりにも高すぎます」と。

私が新潟に機屋をたずねた頃に、金子女史はふたたび日本にやってきた。そして、なんとか私の作品を大量の商品にしたい、その販売かたを自分にさせないか、という意向であった。ところが、この話を聞き、また、アメリカでいっしょにショウをやってきた志賀氏や河野氏の話と総合してみると、アメリカが望んでいる価格があまりに安すぎて、たとえ、量産の生地を使うとしてもつりあわないのである。アメリカで実際に売れるようなものをつくるには、少くとも一着千円はかかる。それよりコストを下げるとすれば、いわゆるジャポニカ趣味を一歩も出ないモンペ・デザインになってしまうことはあきらかである。

そこで、私は考えた――。

このアメリカむきの製品を作りあげるには、直接機元と、生地デザイナーとドレス・デザイナーが、技術的な観点から密接に結びついてやるのがいい。それには、見附の中小企業家たちと組むのがよいのではないか。あの人たちは一年中安心してつくってゆけるような堅実な製品をのぞんでおり、国内向けの製品は、大メーカーに押えられてしまっている現在、この種の新しい輸出製品をつくることによって、救われるのではなかろうか。いままで輸出向きの生地といえば、南方向けのいわゆる裸族ゆきの生地といわれる安かろう悪かろうというものが多かった。しかし、アメリカの一般消費者にむけるとなると、より質をよくして、しかもコストの安いものを作らなければならない。機屋と、柳氏と私のコンビでゆけば、技術的には、優秀で、アメリカの市場にもっていっても、十分自信のあるものができる。しかしこの製品は完全な輸出向けであり、日本の国内市場と二股かけるわけにはいかない。その意味では、新製品をはじめから作るようなものである。しかも一デザインに対して最低五十反というような危険を冒してやるには、はっきり売れる見通しをもって作ってゆかなければならない。こういう計算の上にたって、新製品を作ってゆくためには、相当の資本のバックがいる。これを誰かが保障してくれなければできない。優秀な日本の技術を駆使した輸出向け製品に、国家が積極的に援助するといったことでもなければ、製作にかかることはできないというところにきて、ハタと行き詰ってしまった。こうした対米貿易取引関係の具体的な問題になってくると、権威ある輸出協会でもつくらなければ、実行不可能であることがわかった。また、通産省のお役人方が頭を切りかえて、真剣にこの問題にとりくまなければ、できない相談であることもわかってきた。

ついに、私たちは、金子氏には、商売気がなさすぎるとこぼされるままに、この仕事からはいっさい手を引くことにした。

その後、この機屋訪問がきっかけとなって、織物デザイナーとメーカーとドレス・デザイナーの結びつきの仕事を実験し、発表したいと考え、倉敷ビニロン展のはこびになったのである。

この展示会の内容は、ビニロン繊維ととっ組んでいる柳氏に、手織でオリジナルな織物を製作して貰う。そしてその織物をつかって私が作品をつくる。次に、このオリジナルな手織の織物を、倉敷レイヨンの今村技術部長に指導して貰って、機械にかけて商品化するということだった。そしてその場合の縞目の大きさとか色調は、私の今までの経験によって、一般の人たちが十分つかえるように、使い方にも巾をもたせるように、私の意見をまじえて生産して貰うという、いわば、立体的な総合研究発表会である。

柳氏と私は、そのため全力をつくして仕事に没頭した。柳氏の研究所と私の研究所とは地理的に近いので、毎日試作され、織られてゆく織物の風あいについて、色調や柄の大きさ、あるいは部分的に入れられる柄について、ひんぱんに往きさして緊密に打合せをした。この展示会は大成功におわった。もちろん、この展示会に関しては、倉敷レイヨンの会社や今村氏も、また、会場を提供した東京・大丸も大いに協力してくれたのである。

それいらい、私は日本の織物業界の今後のゆき方は、ぐんぐんよくなることを信じると同時に、テキスタイル・デザイナーおよびドレス・デザイナーとメーカーのより強固な結びつきの必要性を痛感した。国内生産と同時に、輸出製品のために三者の親密なる結びつきと共同研究、そしてより優秀な製品の海外進出をめざさなければならないと思う。

K・D・S開講

昭和二十九年の四月、桑沢デザイン研究所（K・D・S）が誕生した。これまでの不徹底な洋裁教育を、いっさい清算して、独自の研究所をやっと、もつ段階にたったのである。

このデザイン研究所の内容は、いままで私が経験したすべてのことを土台にし、また、いままで描いてきたすべての理想をもり込んだ、小さいながらも、ほんとうの意味での私の理想の実験教室であり、工房でもあった。

この研究所の発足のきっかけは、次のとおりである。つまり、当時、KD技術研究会の日曜勉強会や機関誌の発行、会員の獲得など、私と高松氏を中心に、数名のスタッフと荻窪の自宅で活動をつづけていた。しかし、全国行脚をしてみても、いかにも未組織の非力を感じないわけにはゆかなかったし、当時、荻窪という足場は、いかにも不便であった。せめて数坪でもよいから、もっと足場のよい都心に場所をもちたい、ということが痛感された。そんなときに、たまたま、私たちの活動に好意をよせていた某氏が土地を提供しようじゃありませんか、というのである。もともと私は、自分の家をもつなどということは考えもしない人間なので、ずっと借家住いであり、それに人のお世話になることがきらいなたちなので、うれしい話ではあったが、ハタと困った。なにしろ、当時の全財産といえば月掛けで信用金庫にかけさせていた十数万円だけしかなかったのである。

　その土地は青山で、五十五坪というところから、私は、もし建てるとすれば研究会の連絡場所だけでなく、既製服の研究室兼仕事場もつくりたいと考えた。この考えについて、高松氏はいった。

「過去十年にわたって、桑沢さんの考え方、ゆき方をみていると、理想と現実との矛盾を感じてしかたがない。デザイナーの社会的補償にしても、デザインから生産へのもってゆき方にしても、結論としては確固とした基礎教育ではなかろうか。そして、そこで感覚技術を身につけた人が一人でも多くならなければ、結果としては作家としての自己満足におわってしまうのじゃないか。かつて、あなたの画家からデザイナーへの転機となったバウハウスの教育を、もっと現実問題として考える必要はありはしないか、また、日本のデザイン運動の担い手の一人としても、卓を叩くだけでなく実践の場、真に新しい教育の場をつくるべきではないだろうか」と。

この企画には、姉妹たちも賛成してくれ、さっそく資金の調達に奔走してくれた。二十年来の親友である建築家、画家の橋本徹郎氏が奉仕的に設計にあたってくださった。学校の教育方針、内容については、勝見勝氏（デザイン評論家）橋本氏を中心に、剣持勇氏（インダストリアル・デザイナー）渡辺力氏（同上）清家清氏（建築家）金子至氏（インダストリアル・デザイナー）の諸氏が熱心に討議した。

結果としては、私がやりつづけてきたドレス科とリビング・デザイン科の二つが二本の柱となり、教育の最大の目的は、デザインに対する既成概念を実習をとおして打破することであった。つまり、人間とデザインとのつながり、いいかえれば、社会とデザイナーの結びつきを教育の基本においたのである。日本のいままでの造形教育が技術的な観点だけでなされた結果の弊害は、あらゆるその筋の職能分野にひびいているので、ここでの教育は、その狭い技術的な教育方針を破って、概念くだきのための教育コースを設定しようとしたのである。具体的な実習としては、研究生の感覚訓練のために、絵画、彫刻、建築、工芸、その他各種のデザインを問わず、それらに共通する造形的基礎を体系的に実習させ、創造的な感覚を身につけさせるための構成教育を行おうとしたのである。

だから、この二本の柱の編成に対しての私のほんとうの気持は、あくまでも創設段階での決定だということで、将来の構想は、やはり、服装だけの狭い分野だけでなく、デザイン全般にわたる正しい基礎教育であり、ひいては職能教育であった。

研究所のスタート以来、いちばん心配していたリビング・デザイン科（当時は夜間だけ）は、それでも二十数名あつまった。しかし、デザイナーになれる速効薬を夢みてきた男女の生徒は、まったく予想もしない、本格的な基礎教育のやり方にとまどい、月を重ねるにしたがって脱落していった。私は高松氏と、たとえ三人になっても二人になっても、最後の一人になってもやりつづけることを固く決意した。そして第一期の卒業のときには、リビング・デザイン科は、歴史的な七名の人たちを送り出した。もっとも講師は日本の第一級の人人が生徒数の何倍かではあったが。私は、ここまで頑張りとおした諸君を『七人のサムライ』と呼んだ。

この一年の苦しい体験は、しかし貴重であった。私たちは反省し、一方、講師の諸氏も今後の指導方針について熱心に討議し、教授会は、いつも火花を散らす光景を呈した。

こうしてリビング・デザイン科は、二年目には昼のクラスができて数十名に増加し、三年目には百五十名を越え、講師も四十名を上廻った。

この研究生たちの年令は、上は四十二、三才から、下は、十八、九才にわたり、職業は、社長、販売員、東大卒業生から、家庭婦人と多士済々であった。実習教室にいるこの人たちをみていると、彼らが意識したときから、植えつけられてしまった固定観念が、各分野の講師のデザインに対する善意と愛情によって、解き放なされ、デザインに対する子供のような純粋な感覚を回復していくようであった。以下に生徒のナマの感想の一つを紹介しよう。

新しい造形教育

中野八重美

刻一刻の時間の推移とともに変転する周囲の状況が、私達の好むと好まざるとに拘らず、良きも悪しきも耳目を通過する世の中です。このような社会でどうしたら楽しく有意義な生活ができるでしょうか。それは各人の個性に適応した分野で活動し、建設しあってゆくことではないでしょうか。当研究所を知る以前、私はどちらかというと感覚的美感のみに関心が集中していたように思います。ところが、一昨年六月に近代美術館で開催された「グロピウスとバウハウス展」を観て、より広汎な綜合美のあることを発見し、強い感動を受けました。材料の可能性を追求しながら、感覚・理論・技術を体得し、合理的なバランスのとれたものに造形することがデザインであり、しかもそれが社会と繋る問題であることを知ったのです。その時、私自身このような仕事ができたらと希うようになりました。その後、時を経て友人からバウハウスのシステムによる新しい造形教育の行われている当研究所のあることを教えられたのでした。デザインについて未知の私が、ようやく一年を終えようとする今日感ずることは、優秀な諸先生方の指導下でのチーム・ワークによる基礎教育が、ともすると陥りがちなマンネリズムから解放し、友人同志相異る個性と知識を交流し合えたことで、その意義の重要性を知ったことです。その上、夜学ぶ私達は大部分が勤労する人々であることが、多少の困難と対面しながらもますます意欲を高める結果ともなっているように思われます。何はともあれ、志を同じくする進歩的な方々とともに勉強し合う機会に恵まれたことは幸です。そしてデザインするには、洗練された感覚と綜合された知識をもって合理的な造形美を創造すべく、あらゆる努力を傾倒しなければならないことを知りました。私が当所で学んだ点はデザインする態度であったといえましょう。

この研究所の創立初期、くわしくいえば、二十九年六月のある日、とつぜん剣持氏より「バウハウスの創始者、ワルター・グロピウス氏教授が、あなたの研究所と作品をみたいといっています。これから、すぐ行きますから、どうぞよろしく」との電話がかかってきた。私は、二十年来尊敬していたグロピウス教授が私の研究所にみえるなんていうことは、想像もしなかったことなので、よろこびかつ驚いた。予定の時刻ぴったりに先生はみえた。とっさのことで、開講式のときに作った私の作品と、研究会スタッフの作品といっしょに、仕事着の数点をそこに居あわせたドレス科の研究生に着せてみせた。その作品は、主として、日本の布、日本の柄、日本の色を用い、日本のきものの形式と構造を近代化したものが中心であった。先生は、眼光ケイケイ、鋭い目でみていたが、たいへんよろこんで、たとえば、作品の一つ、デニムの吊りスラックスをみて、これは、日本の人によく似合う、どうしてこういう仕事着を工場で着せないか……など、布地の値段からヤール数にいたるまで、矢つぎ早に質問され、首からさげたライカでカラー写真をぐんぐんと撮った。はじめは、昼食を夫人とホテルでとる約束だから、ほんの三、四〇分とのことであったが、すっかり気に入られたのか、かえって、こちらが気になるほど、落ちついてしまった。そして、繰返し、「私の家内は、たいへんドレス・デザインに興味をもっています。今日いっしょに来られなかったことを、きっと残念がるでしょう。もう一度かならずいっしょにきます」といわれ、最後に、あらためて、戸外で写真を撮りたいからと、昼のお弁当もそこそこにモデルになった研究生たちをひっぱりだし、研究所のまえの材木置場のところでシャッターを切った。

先生は、その時次のようなメッセージを下さった。

私はここに素晴しいバウハウス精神を見出したが、これこそは私がかねてから待ちのぞんでいたものであり、東洋と西洋の間にかけ渡された、往来自由の創造的な橋である。あなた方に大きな成功を！

一九五四年六月　　　　ワルター・グロピウス

そして先生の約束どおり、帰京も間近い八月二日、再度剣持氏を通じ、また、建築家の丹下健三夫人たちとともにイセ夫人が来所された。（このとき先生は、旅券の手続きその他がありみえなかった）

イセ夫人も、バウハウス運動および教授とともに長いあいだイバラの道を歩んできたよき協力者であるだけに、戦争で破れた日本のことを、故国ドイツのことと思いあわせ、力強くはげまして下さった。そして、その後私が作った数点の仕事着をみて次のようにおっしゃった。

「こちらにきてから、日本古来の伝統的な友禅や金襴どんすの美しいきものをみました。しかし、私のみるところでは、あれは、けっして日本の庶民のものとはおもわれません。第一、立派で美しくはあるけれども、あまりに高価すぎます。私が日本にきて最も美しいと思った婦人の服装は、野良で働いているモンペ姿の農夫でした。そのモンペは、だぶついてはいるけれども、日本の風土によく調和しておりました。私は労働する婦人の姿こそ、もっとも美しいものだとおもうのです。

今日ここで拝見した日本の縞や絣などは、むかしから日本の人たちが愛情をもって日常、どこでもつかっている庶民的なものときき、こうしたよいものは、これからもっと大切にされ、残す必要があるとおもいます。これらの作品は、材質といいデザインといい、このままニューヨークへもっていってもきっとアッピールするでしょう。

私は、自宅では女中をつかっておりません。したがってお勝手やお掃除をやると同時にお客さまの応対をするといったふうで、家庭の主婦といったものはどこの世界でも忙しいのです。あなたは、全世界の女性がいちばん望んでいる家庭着、労働着のデザインにおいて立派に成功しました。

ドレスのデザインにおいては、世界の人人は、中心地はパリだと考えている。鉄のカーテンのむこう、ソヴエトでさえも、モードの点では、目をパリにむけている。あなたのデザインは、鉄のカーテンをとおして、今後ぜひとも目をむけさせるところまでいってほしいと思います」と。

私は、この研究所は、たった一人でできるものとは思っていない。現在、望みうるデザイン界の最高スタッフの陣容をととのえてはいる。しかし、その真の成果は、まだまだ今後にのこされているのである。と同時に、グロピウス教授夫妻の、前述のドレスに対することばが、今後の、この研究所になされるデザイン全般の成果に対してのことばになることを望みたいのである。

既製服、作業衣の製作

二十九年の春、研究所の開講記念に、講師やお世話になった方がたを招待して、ささやかな祝賀会を催した。その時にK・D技術研究会のスタッフと私のデザインした作品を数点見せながら、今後の研究所の方針を発表した。小さいながらも新しい、ふきぬけのアトリエ風のスタジオは、なにか私たちらしいふんいきにつつまれていた。K・Dの人たちも、私の姉妹も、そして高松氏も、みんな喜びと緊張でいっぱいだった。つぎつぎにモデルが着て出てくる私たちの作品といえば、紺や縞のデニム、また和服地などを使った、家庭着や仕事着がほとんどであった。

その当日、マネキン会社七彩工芸の向井良吉氏が、その年の十月に開店することになっていた東京・大丸のファッション・ルーム関係の人を二人連れてみえた。向井氏の話によると、今度八重州口にできる東京・大丸のファッション・ルームに参画してほしいとのことであった。私はもともとオーダー・メイド（注文服）の仕事にはあまり興味がなく、もし、既製服として、あるい

はイージー・オーダー（半既製服）として、仕事をさせてもらえるのならばお手伝いしたいむねをつたえた。大丸の小原店次長は、

「だいたい大丸という店の方針は、特殊な人たちのお得意さんより、大衆というか、オフィスで働く人たちの層や、いわゆる一般の家庭を対象に考えて営業してゆきたいと考えている。その点で、桑沢さんに洋裁部のある一部分でも受持って貰いたいと思う」。つまり、私の仕事の庶民的な角度を知った上での要望であることがわかったのである。私自身お客様に接することは不可能だが、代理の新人デザイナーをさしむけるがそれでよいか、また私のコーナーは私のゆき方の製品を置いてもよいか、ということで話はすすんでいった。そして「桑沢洋子イージー・ウェア」というコーナーが三階の一部分に設けられることになった。

ここへ、私が今まで考えてきた、既製品的なデザインの商品を置いて、果して消費者に買ってゆかれ、使われてゆくかどうか、といういわば実験的な販売部門がつくられたのである。

いよいよ十月に大丸が開店すると、私は、新婚の人のための家庭着、ウィーク・エンドのための郊外着、二人の（二つのタイプの）通勤着というテーマで、製品を展示し、既製品として即売の形式をとった。そして、展示したもの以外に、最も安価ですぐ役立つ家庭着として、デニムのオーバー・スカート、デニムのエプロン、デニムのスラックスなどを数ダースの計画で作りケー

スに置いた。

デパートや一般の商社の考え方からゆけば、外出着やよそゆき着は売れるが、家庭着は売れないと頭からきめてかかっているようである。家庭着を新しく買って着る、などということは、これまでの日本の女性の習慣には少いことで、たとえば、家庭着などというものを、別につくるということは、かえって、贅沢であり、たいがいは、よそゆき着が古くなったものを、おろして着るといったことが、普通なのである。そうした考え方が、日本の経済事情や住居の形から考えても、大きく根をはっていることもわかっていたのだが、私としては、なんとかして、日常着の大きな部分を占めている家庭着をもっと合理的に美しくしたいと思った。そしてそれをよりよい生活の一つのきっかけにしてほしいと考えていたのである。また一方、オフィスの人たちには、私が前もって考えていた便利な通勤着および、スモック風の仕事着をすすめたかった。そこで、変りジャケット形式のものやジャンパー形式の上衣類をどしどしと商品化していった。

現在までの丸三年間、私がここで経験させてもらったことは、年ごとに消費者のほうが、私の考えている、オーソドックスな、本当の意味で、生活の上に効果的に使えるものを欲していること、いわゆる商社の人が、これは売れない、と思っているものが、だんだんと売れつつあるということである。つまり、はじめ危険だと思った、家庭で着る堅実なオーバー・スカートとか、仕事着用の膝下までの短かいズボンが、また、通勤用のオーソドックスな上衣が、だんだんと売れていく、そして地味なものほど、平均して売れていることに気がついたのである。

数年前から既製服にあこがれ、既製服と生死をともにしようと考えていた私の考えは、この売場で、実験され、いちおうの見とおしをえたのである。私は、新しいものというか、地味な基本的なものというか、そうした商品の実験的な販売コースに、大丸の心ある人人が、協力していることに感謝したい。私は、単なるデザイナーの一人よがりな夢として、このコーナーを利用しようとは思わない。実際に着られ、しかも、お互いの生活をよりプラスするきものをさがし求めている消費者とともに、このコーナーの成果をあげてゆきたい。

現在のところでは、このコーナーであつかう商品の数量は、多くて百五十着少なくて十数着であるかもしれない。しかし、私は、今後着々と、より多くの人たちに本当に着られる製品として努力してゆきたいと思っている。

今考えてみると、数年前は、百万人を対象にした既製服の夢をみていた私である。しかし、そうした大量の目標は、小さい機構の上での生産から、より大きい機構、それはおそらく大メーカーと、さらに小売店との総合的な協同プランをもつことなしには実現できない問題であることも知った。

私は、今後勉強に勉強を重ねてゆきたい。その勉強は、机上の勉強でなく、実際的な、現実の上にたった勉強であり、しかも、デザイナーとしての本当の立場をしっかり保ってゆくような勉強である。そして、これは真剣な実験である。デザイナーが売らんがための宣伝の役割をもつだけでなく、本当の意味で、協力するメーカーあるいは縫製業者、あるいはデパートなどとともに、実質的な役割を果してゆきたい。

今年（三十一年）の春に、服飾評論家の村上信彦氏にあった。彼は私に「桑沢さん、野良着の合理的な既製品を作ってゆきたいものですねえ」といった。しかし、これは、一般の既製服についてもいえることであるが、大きな問題をふくんでいる。それは日本の女性には、自分で縫うという習慣があるため、きものを縫うに要する労力の計算をしないのである。「お針もできない」ということは女の資格がないことのようにいわれてきた。東京の真中のしかも進歩的と称する奥さんやオフィス・ガールでさえ同様である。一着の既製服をみても、生地代は、裏代は、という材料費の原価計算だけで、仕立代の計算をしようとしない、つまり商品の真価が計算できない状態ではなかろうか。「あら高いわね？」という。それは、生地三ヤールでいくら、という生地代で、作る労力は、自分が縫ったらという基準で計算して、労力のねだんは計算に入れないようである。

もちろん、そうした新しい生活の運営というか設計の上で、だんだんとわかってきつつあるとは思うが、農村の婦人が、どの程度わかってくれるかが問題だと思う。現在の農村生活は主婦、それも若い主婦ではなく、中年の主婦が、経済生活の実権をにぎっているのではなかろうか。既製品を買うか、自分の手で夜なべに縫うか、ということになれば、おそらくまだまだ、既製服を、しかも機能いってんばりの作業衣を買うという段階までには、なかなかゆかないと思う。いまだに、紺絣のよさ、和服裁ちの習慣からぬけきれない農村生活であり、農村女性であるといえる。

『婦人朝日』でやった「仕事着コンクール」によせられた数多くの野良着のデザインの時でも、私が選ぶ角度は、できるだけ家庭で作るものでなく、既製服になるデザインを、と思って選んだ。しかしそれは現在の段階では無理なことはいうまでもない。

三十年に、農村むきの婦人雑誌『家の光』で、野良着の試作を、実験的に製作してゆきたい、という企画が立てられて、数人の服飾関係の人たちが意見を出しあった。その結果、中年、若い人むきの四点の野良着の標準型がきまった。もちろん、私としては、単に型紙を作って、家庭で縫わせるだけでなく、より積極的な方向にすすめてゆきたい、つまり、できれば、そのデザインの一部でも既製服の形で、安価に売られてゆくコースが得られないものかと考えていた。幸いにその後この企画は、倉敷レイヨンによって、ビニロン綿の混紡の絣、縞など数点の野良着専門の生地を作る段どりにすすんでいった。今までの木綿の絣と感覚的には同じであるが、木綿よりも堅実な生地であり、値段も一反六五〇円ないし七、八〇〇円という今までの値段とあまり変りのない生地がつくられたのであった。

そして、この生地に、『家の光』の型紙をつけて、全購連が販売面を受もったのである。

結果的には、完全な野良着の既製品とまではゆかなかったのであるが、より働き易い、合理的な野良着のデザインの紹介に、労働着に適切な堅実な生地の紹介が加わって、野良着の改善の一つの役割を果したのである。

もう、一年以上前だと思うが、勝見勝氏が、「桑沢さん、国鉄関係の仕事着のデザインをしませんか、するのなら、僕も一骨折りましょう」といわれた。私は農村の仕事着と同様これはちょっと大変なことだと思ったし、今までの経験ではそうやすやすとできないと思った。今まで、職場の仕事着の試作をした経験は数多くあるが、実際につくった経験はないのである。前述の国鉄のデザインは、もちろん、その頃の試作の一つを実験して貰ったのにすぎない。また、ある銀行で、全国四千名の女子のスモックについて相談を受けたこともあるし、型紙を提唱したこともあったが、徹底的に最後まで——この種の職能服のデザインから縫製まで——責任をもったことはないのである。

三十一年の夏に、K・D技術研究会のスタッフが、職場の仕事着の共同研究をした。数十名の洋裁師が、グループ制をとって、各工場やオフィスに出向いて、現場の実態調査から始めた。製菓工場二つ、バス会社、紡績工場、縫製工場、化学工場、管球工場、そして教員、一般事務、官庁、デパートなどが対象となった。現地での調査は、労働状態および、現在着用している作業衣、その一年ないし二、三年と着用した結果の状態や着る方の側からの意見など、さらにその支給方法、その予算などについて、綿密に行われ、その調査にもとづいて、研究グループで実際にデザインし、また製作した。

この共同研究の結果得たことは、現在の作業衣は、おおむね会社の用度課や厚生課がデザインについての意見をのべ、それを作業衣専門の縫製業者に、入札式に委託するのである。縫製工場では、官庁関係は、ミシンの目が細かくなければ通過しないとか、袖口がどうだとか、ポケットが大きいとか小さいとか、工場関係のものはどうしなければならないとかいう、今までの経験と知識によって、適当に訂正したり考えたりして、新しい作業服をデッチ上げ、納めていたのであるということである。また、私は、これまで作業衣は、コストの点で、到底われわれにはできない程度の低廉なものであると考えすぎていたせいか、数量・縫製などを総合してみて、私たちでもできるコストであって、中には相当高い値段で作られているものもあるのを知って驚いた。そして、用度課や厚生課にしても、できれば、専門家にゆだねたいと考えていることもわかった。

いずれにしても、外出着的な個人の着る既製服とは違って、作業衣の現状は、デザインおよび、型紙・縫製など、全部含めて、あまりにも遅れており停滞していることも判った。そして、これまで到底私たちには、実際的な製作などできよう筈がないとあきらめていたことが、実現できることがわかり、これこそ、私たちがしなければならない仕事であり、また、できる仕事なのだという確信をもつことができたのである。

この研究会の発表後、私たちは、大メーカーの紡績工場や、オフィス街の大会社の女子七千名男子三千名を対象にしての、型紙の寸法のきめ方、また作業状態を考慮した型紙の研究をたのまれることになったのである。これまで作られていた作業衣の型紙をみると、実際の作業状態をまったく無視した非合理的なものであったが、こういう欠陥は、この紡績工場にかぎらず、あらゆる作業衣やオフィス着に共通してみられるものであった。これは、私にとって大変研究しがいのある仕事であり、また適任の仕事とも思ったので、喜こんで引受けることにした。今までつかっていた男は七、女は五という合計十二サイズの寸法を検討した結果、男女とも四サイズずつで十分であることがわかってきた。そして、その寸法を組立てて、現場の人たちに着てもらう実験からはじまったのである。その後訂正に訂正をかさね、数カ所の縫製工場にわたすまでには、八十何枚の型紙の製作にとりくんだ。私はこの仕事によって、日本人の体型、しかも肉体労働に従事している工場の人たちの体型を徹底的に研究しえた、というたいへんすばらしい収穫をえたのである。

次に、ある、オフィス街の大ビルディングのエアー・コンディショニングなどが完備している会社から、男女の従業員の制服のデザイン依頼があった。男子の制服には、先の共同研究発表会の試作品中の、男子のカジュアル・ジャケット（気らくに着る上衣）が選ばれた。女子の方は、冬物の長いスモック（上っぱり）ということで、新しくデザインすることになった。

この会社で感じたことは、係の用度課や組合の人たちは、あらゆる面でよいものを作るべく骨折っているのであるが、その他の従業員、つまり制服を着る人たちが、今までの制服の観念や個人的な好みの上で停滞していることである。とくに、女子従業員の場合は、色とか衿の型などに好みが濃厚に出てきて、民主的に、全従業員に意見をきいて、オフィス着もきめてゆきたい、というようなことが、かえって混乱をまきおこすことにもなると思った。また、そうした場合、実際的な指導というか、親切な着方の説明が、必要であることも知った。

ここの制服は、ついに見本数点を作ったところで、不徹底のまま終った。その原因の一つは、この会社が裕福すぎるというか、従業員の方でもどうせ支給してくれるなら、ああもこうもと、贅沢な個人的な注文が、つぎつぎと出てきたためではないか、とも思っている。

この他、研究発表会で試作したものの中から、研究対象になった工場やオフィスでも、実際に作ってみたいという希望も出て、数カ所にデザインを提供し、製作の点まで協力したものもある。

この研究発表会と前後して、私は、あるオートバイ会社の作業衣の依頼をうけた。

この仕事は、KAKデザイン・グループすなわち、工業デザイナーの金子至氏、秋岡芳夫氏、河潤之介氏の三人のチーム・ワークの仕事場を通じての依頼であった。それは、このグループで、この会社のオートバイのデザインをするので、同時に作業衣の方も、デザイン・ポリシー（デザイン政策）の意味で、私にしないかということであった。私は喜んでひきうけることになった。

再三の現場ゆきによって、製造部の塗装係、組立係、機械係、技術部の設計係、管財部の資材課の倉庫係、部品係、その他総務課などの実際の仕事の状態や、今までの作業衣に対する意見などを総合したうえで、デザイン見本をつくった。生地はビニロン五〇％、木綿五〇％の、男はグレイのかつらぎ、女は紺と白の縞デニムをつかった。

さらにこのデザイン見本は、現場で実験され、オートバイの試作運転の場合とか、いろいろと現場の意見が加えられ、訂正に訂正をかさねて、約数カ月の日数をかけて完成したのである。当然この種の工場作業衣は、これだけの段階をふまなければならない。私は、ここではじめてほんとうのデザインをしたのだと強く感じ、うれしかった。

このオートバイ工場の男女の制服は、数量でいえば、わずか五〇〇着にすぎないのであるが、本当の意味で私がデザインをし、私のところの工房で作っておさめたのである。そして、デザイン料、基本料金五千円で、出来上り男服（上下）一、四五〇円、女服（上下）一、二五〇円に対して、一パーセントの印税式のデザイン料をもらうことになったのである。この場合の印税のデザイン料は、ボタン一個の値段である。

しかし、私はたいへんうれしかった。ここ数十年らい、夢にも出てくる工場着の製作、しかも正々堂々とデザイン料の請求ができたのである。

既製服もそうであるが、考えてみればまったく皮肉なことであると思う。あらゆる面で、こうした真面目な仕事に対して、これまでの日本の実情が、その発展を阻み、進ませてくれなかったといえるのである。

なお、私がなぜここまで実際的な仕事ができたか、を考えてみると、K・D技術研究会の人たちをふくめた、私たちの工房、私たちの実験室ができたからだと思う。つまり、デザイン研究所という教室が完成した一年後の三十年の春には、教室の方は、近くの借家にうつり、最初の小さい教室を、既製服および作業衣のための製作部にしたのである。この製作部の仕事場には、銀座の工房の時に協力してくれた、次女の姉も、四女の姉（夫なきあと一人の娘をかかえて、戦前から洋裁の技術家となっていた）も加わってくれている。

私の考えでは、この工房は、ゆくゆく、ドレス・デザイン教室で教育された研究生が、職能的にすすむための一つの実験教室、インターンのための教室ともなるようにと考えている。

前述の教育の場とともに、実際的な仕事をしようとしている私の二つの理想は、今後のこの教室と工房との密接な結びつきと、より充実した内容強化と、健全なシステムの完成とによって、具体的に、少しずつ達成されてゆくのではないかと思っている。

新しい形

「実用着」「生活着」「機能服」などという不思議なみだしのタイトルにふさわしい執筆者となると、私ということになっているらしく、婦人雑誌や服飾雑誌、新聞などの依頼が、すべてそうした内容でくるのである。

もちろん、私は、前の項でものべてきたように、機能的な解釈できものをデザインしてきたものであるから、ついこうした依頼のような種類のデザインをしがちである。しかし、機能的なきものすなわち労働着とはかぎらないし、スラックス・スタイルではないと思う。私は、機能的な、という解釈をもっと広義に考えたい。つまり、海外のトップ・モード、あるいはイヴニング・ドレス、カクテル・ドレスなども、それぞれの用途目的に応じて、機能的な要素をもっている。私たちの生活を考えてみてもわかるとおり、働きづめというわけではない。ときには社交的な要素もあれば、たのしくすごす面もあり、また休息し、レクリエーションにすごすときもある。そうしたそれぞれの目的をより効果的にする、いいかえれば、社交には社交にふさわしい気品や、格式や、美しさが必要であり、踊るためのきものは、いかにも、踊るたのしさと、美しさをそなえているきものであり、スポーツには、軽快であっさりしたきもの……というように、それぞれ機能をもっている。

しかし、今までの日本の生活の実情は、働いても働いても追いつかない状態であり、したがって労働の時間が多くを占めるのである。ところが、最も切実な日常着るきもの、すなわち、働きやすい形であるべき労働着や通勤着が、不完全であり、仕事の内容から考えて、支障をきたすようなことではまずい、この種のきものをまずよくしたい、しなければならないという、私の解釈がそうさせたのである。

私は、最後の項で、現実的に日本人が着るきものという角度から離れて、きものが今後どんな形で発展してゆくか、新しいきものの形、解釈というものはどうであるか、あるいは、どんどん世界のデザイナーが発表してゆくトップ・モードをみて、どういう角度で考えてゆくべきか、とくに、私の解釈でのべてみたいと思う。

モードの中の新しいフォルム

戦後四、五年たった頃から、落ちついてきた世界情勢にともなって、モードはパリからという伝統のもとに、フランスのデザイナーたちの創作活動は活況を呈してきた。

新しいさきざきのデザインをする作家といえば、戦前から、オーソドックスなものの形を破って、思いがけないダイナミックなデザインをするバレンシアガという作家がいる。彼は戦後出てきた、新人のディオールやその他の作家に対しても、超然としている。文字通り天才的なスペイン生れのデザイナーである彼は、パリでも変りものとして通っているとのことである。彼は、自分のコレクションにも、主催したパーティーにも、けっして顔をみせず、ジャーナリズムのインタビューや写真撮影もいっさいおことわりといった徹底ぶりであるという。

しかし、素晴しいきこなしの婦人が、彼の服を着て社交界にあらわれるとすると、一日でバレンシアガの服であるとわかる位、彼の描く量感やカッティングは素晴しく、そのまま舞台衣裳にもなるというわば神秘的な作風をもったデザイナーである。

彼は、戦争直後、ディオールがモード界にあらわれてロング・スカートを提唱したことなどおかまいなしに、彼独特な新しい形をぐんぐん発表してきた。とくに一九五一年頃には戦前きたえた手腕を発揮しだした。簡単にいえば、ディオールの新しい形とは、今までの人間がきるドレスのフォルムを素直に守りながら適当なつめものによって、彼のイメージを描こうとするだけであるに反して、バレンシアガは、いままでのきものの概念を破って、ダイナミックなデザインをしている。とくに一九五一年（昭和二十六年）頃からの彼のデザインを注意してみていると、発表した時は、あまりにも突飛でとりつくしまのない作品であるが、二、三年たつと、彼の作品が最もさきがけであって、その他の作家がそれにつづいているようにみうけられるのである。

一見彼の作品は、ラフなタッチのスポーティーな作品であるが、最近では、ラフだ、スポーティーだなんていうどころのさわぎでなく、まったくウェストも衿もなにも意識しない自由な抽象的な形になってきているのである。

それでは、彼はいつの時代でもさきがけのデザインをしている、ということをもう少し具体的に説明してみよう。

一九五一年には、ベル・スリーブという、極端に肩巾の出っぱった袖と、それによって、必然的に短かくなったショート・スカートのデザインを発表している。これが二年後の一九五三年のディオールのチューリップ・ラインでのショート・スカートの先がけとなっている。また、この前に、ブラウスド・シルエットとボックス・スーツ（挿絵参照）のデザインを発表している。ブラウスド・シルエットは・三年後のジャック・ファットのSライン（背中にブラウシング＝ゆとりのある細型のシルエット）のさきがけであり、ひいては、一九五五年（三十年）のブルゾーン・シルエット（ジャンパー風のふくらんだシルエット）となって発展している。おそらく彼にいわせれば、きものというものは、どこもここも身体にぴったりあわせこるとでなく、人間の動きを考慮し計算して、適在適所に美しいゆとりを入れてゆくことだというだろう。そうした意味で、彼はウエストの上にゆとりをおくことなどは当然と考えてはいないだろうか。

次に、ここにあげたボックス・スーツであるが、この発表があった時、私は、彼のきものの形態が機能的にあまりにも素晴しく計算されていることに感動した。つまり、今までのボックス（箱型）は、身体の線などかくしてしまう外被が多かった。それをスーツという外被でなく、着たまま食事もするし、机にもむかうという、外出着でも、昼間の室内着でもあるという用途のきものである。そう考えてくると、人間の姿勢、動きからいうと、前身頃が箱型でパッと開いているより、前身頃は安定しておさめた方が合理的といえる。前《まえ》をおさめて後《うしろ》は楽に運動しやすいということの形式はスーツにかぎらず、人間の姿勢、動きに合理的であるし、この後ぐんぐん発展して、あらゆる面でデザインされたのである。次に、彼は、チュニック・シルエット（ウエストにアクセントのついた長い上衣とスカート）を好んでデザインしている。彼の一九五五年春のチュニック・シルエットから端を発して、一九五五年の秋のYラインの頃にその他のデザイナーがさかんに取りあげたチュニック・シルエットにおよんでいるのである。

次に、これらの新しいきものの形態について考えてみたいことは、どうしてこうした形が生れてくるのか、そして、それをもっともだとうなずく

バレンシァガの
ボックス・スーツ

バレンシァガの
ブルゾーン・シルエット

ディオールの
蟻のドレス

ことができるのか、ということである。

私はこう考える。女性の身体にまとうきものの量というものは、生活の用途目的に応じてきまっている。働くという条件、街を歩くという条件、スポーツをするという条件に応じて、きものの空間をしめる量感がきまってくる。つまり、用途に応じたきもののデッサンというものがある。しかし、このデッサンといえども、時代、時代によって、ある程度変ってくるのである。例えば、戦争をひかえた時代の外出着は、気分的にもより活動的な軽やかな量を要求するであろうし、世界の情勢が安定してきて物資がゆたかになってくれば、人の心も落ちついて、求めるきものの量感もそれらしいゴージャスなものを要求してくるだろう。

というわけで、ディオールが戦後ロング・スカートを、物資もまた人の心もまだ安定しないうちにさきがけて流行させようとしたこともわかるが、いわば、古くさい手法で単にスカートをゆらゆらとなびかせようとしたことの失敗だったのではなかろうか。

その後、彼はチューリップ・ライン、Hライン、Aライン、Yラインなどというような具象的な、あるいはアルファベットの文字の形をもったシルエットを発表しているが、彼のこのわかりやすいシルエットを私は、次のように解釈してみたのである。

まず彼は、スカートを短かくしようとした。デッサンからいえば、スカートが短かくなれば、どこか量を増やさなければならない。肩パッドだけ高々といれただけで、あとは貧弱な布地のままショートにした戦争直後のシルエットでは一九五三年（二十八年）の頃の比較的みんなの気持のゆたかな時代ではみすぼらしいし、というわけで、肩から胸から袖までつめものをして、全体にまるみをもたせると同時にウェストを細め、スカートはまた貧弱にならないように芯をはった。これが、チューリップ・ラインである。

次に、スカートが短かいままに、シルエットを変えようとして、今度は、胸を板のように平たくして、肩も袖もひかえめにして、その代り、下方をだらだらと開けたのがHラインである。また、その次には、このHラインをより強調したのがAラインであって、字の如く、グッとスカートの裾

Aライン　　Hライン　　チューリップライン

巾がひらいてきた。そして次にYラインというように、一つのデッサンの中であっちがふくれれば、こっちが凹むという変化をもとめたのである。なお、より分量が小さくなりすぎれば、布質で厚みをつけたり、アクセサリー、とくに立派な大きな帽子で形のバランスをつけてゆく構成上の約束がまもられていることに気がつく。

いいかえれば、彼らは、おそらく意識しているとは考えられないが、彼らの描くきものの形のバランスは、必然的な形の合理性を含んでいるといえるし、その裏づけには、これからの生活のしかたの進化を暗示しているといえる。

私は、新しいこれらのモードが実際にフランスやアメリカで着られているかどうかしらないが、一つのアンサンブルのデザインをみても、スーツをみても、そのきものを着たために展開してくる環境や動作が浮ぶ。時には、それが、現在私たちが考えている生活の状態より、一歩すすんだ合理的な新しい生活のしかたを暗示しているのである。例えば、今までは、ドレスの上にコートをきて社交場にゆけば、コートをクロークにあずけて、ドレスとなる……といった着方であったものを、新しいアンサンブルの形式は、クロークの必要がなく、そのままスラッと会場に入る、そして、そのままでも、また小さい上衣を脱いでもよい、といういたって自由な気楽な着方になっている。また、イヴニング・ドレスとカクテル・ドレスの開きがなくなって、いたって軽やかな簡単なものになってきているのに気がつく。形式ばった着物のきかたが、ごく自由な着方になっているのである。私は、こうしたモードを、写真でみるたびに、そのきものを動かしてみる。生活にあてはめ、新しい生活が展開してゆくのを想像してみるようにしている。

次に、一九五四年頃から、ジャック・ファットがみいだしたというジバンシーという二十代の若い新鋭作家がぐんぐんのしてきた。その作風は、バレンシァガの後輩ともいえる豪放なタッチで、女性の姿態をおもうままに、彼の描こうとする計算された力強いデッサンの中に入れてしまっている。大げさにいえば、ワンピース・ドレスも、スーツも、コートもおかまいなしに、一つのマッスと考えて構成している。

おそらくバレンシァガとこのジバンシーの作品が、今後の最も新しいデザインを代表する結果になるだろうと予測できるのである。

いいかえれば、これらの新しいデザインは、絵画でいえばリアルな自然描写から立体派に、そして抽象絵画に移行したと同じように、人間がまとう衣服を合理的に計算し、新しい彼らなりの主観を入れて、抽象化の表現をしめしているのである。その結果、簡単にいえば、いままでなければならないとおもった衿やボタンがなくなり、縫目もなくなり、まったく別な計算による新しいフォルムになってゆくといえる（一九五六年のバレンシァガとジバンシーの挿絵参照）更にいいかえれば、バレンシアガやジバンシーばかりでないが、今までの洋服の形を一応こわして、整理し組立てなおしてゆくと抽象的になる。考えてみると、背広の袖つけや衿の形などというまったく出来上ってしまった洋服の形を一応こわして、自由な気持で組立てなおしてゆくうちに、まず、プリミティブな、いいかえれば東洋的なきものの線になってしまう。たしかに、物語や形式的でない本質的なもののなかには、近代的な抽象的なものがひそんでいるといえると思う。

私はこうしたトップ・モードでなくても、いつも考えていることは、衿やボタンやベルトなど、なんにもないプレーンなドレスほど、むずかしいと考えている。これは、ドレスばかりでなく、どんな場合でもいえることである。飾りをつけない

ジバンシーのデザイン

ディオールのウールのドレス

で、そのものずばりで美しく作る、それによる適確なテクスチュアの発見、それによるカッティングの発見、そうしたところに、新しい方向があると思う。

最近の全体のゆき方のなかには、カクテル・ドレスは絹、フォーマルなスーツは、やわらかいウールや厚地の絹……という、今まできめられていた材質の使い方が、まったくこわれてきていることに気がつく。スポーツ・コートに使うようなツィードが、ワンピース・ドレスにつかわれたり、毛足のながいウールがブラウスにつかわれたりしてきている。挿絵の一九五六年のディオールのドレスは、ウールであり、グレのチェックのブラウスとスカートがウールである。いいかえれば、これらのプレーンなドレスは、新しい角度でのテク

グレのデザイン

バレンシァガのデザイン

スチュアの発見であり、プレーンな手法といえる。

新しい家庭着は、労働着は

どんな家庭着が理想的ですか、と問われたら、私は次のように答えたい。「エプロンの不用な家庭着」「一年中を通じて半袖でとおせる家庭着」と。これは、住宅やアパートの設備の進歩とともに家庭着がすすんでゆくことを意味するのであるし、そう希望したいのである。

オフィスは、住宅とちがってぐんぐんとよくなっている。スティール・キャビネットにかこまれ、タイプがうなり、冷房、煖房の設備のなかで仕事をしている人間の仕事着は、今までのスモックやジャンパー形式の仕事の観念からいちはやくぬけきるべきだと思う。

また、工場で着る労働着にしても同じことがいえる。最近私が工場着で感じたことは、簡単にいえば、できるだけ縫目のないもの、できるだけ掛具（ボタン類）をつかわないデザイン、という結論が出たのである。工場で働くばあいは、外で防寒や風よけのためにきる外被ではないのであるから、いわゆるジャンパー形式やジャケット形式のような、前をボタンでかけるものではなく、前身頃を輪裁ちにして、仕事上邪魔になるものをできるだけつけない方がよいと思う。

なお、仕事をする状態ばかりでなく、洗濯その他一年間の取り扱い方をいろいろ想像しての結果からいっても、できるだけ単純でありたいということである。それでは、こうした条件にかなうものは、つまり、縫目もボタンも不用なものは、なんであるか考えてみると、編物とかジャージーとかいう伸縮のきく生地である。ちょうどバレエのタイツやラグビーのシャツのように、これらのきものは、最も活動的な動作には理想的といえる。いちがいにはいえないが、労働着には木綿の葛城《かつらぎ》やサージときめてしまわないで、より適当な繊維製品について研究すべきではなかろうか。

以上、いろいろな意味で、いままで考えて着られていた習慣、惰性から一度脱けきることではないだろうか。工場の作業衣すなわちジャンパー形式、家庭の仕事着すなわちエプロン、オフィス着すなわちスモックという考えから脱けきることだとおもう。また、軍隊服の用途目的のように、威厳を保つための肩章や沢山のボタンは、労働着には必要ないのである。つまり、仕事着らしい気分をだすためのボタンであったり、ファスナーであったり、気分を出すために、不用なポケットを邪魔になる位置につけることではないと思う。

あとがき（原文ママ）

今度、平凡社から、人間の記録叢書の依頼をうけた時、自分を中心にしたことを書いたり、話したりすることを人一倍好まない私なので、どうしようかと大変まよった。

しかし、人間が一人生きてゆく過程と、その背景というか基盤となっている社会のうつり変りを関連させながら考えてゆくと、その社会でともに生きてきた人たちの考え方や、自分のその時の考えかたがどこから生れて来たかということが、はっきりしてくることに気がついてきた。

私がとおってきた大正のはじめから昭和の、そして第二次大戦をとおって今日までの時代は、日本の服飾でいえば、西欧から入ってきた洋服が、やっと多くの日本の人たちに着られだした時代であり、とくに戦後はドレス・デザイナーがあらゆる意味で進出して、仕事をしてきた時代である。そして、デザイナーという言葉が、洋裁師だけにつかわれるものだという錯覚を世間にいだかせたと同時に、デザイナーというものは、楽な仕事でだれでもやすやすとできるものだと思わせてしまった。

服飾に限らないが、日本で、デザイナーが本当の意味で仕事をするには、いろいろと障害になる条件が多い。それを一般の人たちにも知ってほしい。とくにデザイン志望の若い人たちが、急速に増加しつつある今日、とくに強く感じるのである。

　この本をかいているうちにわかったことは、本当の意味でデザイナーという言葉をいただけなかった実情が、日本にあったということ、今後もそうした職業名がなかなかいただけないのだ、ということである。

　私はこの本をかいているうちに、技術的な解説はともかくとして、こうした記録的な文章は下手だし、思ったことがいいあらわせないはがゆさをなんべんも感じた。しかし、かき上げるまで私の心の底で、私にささやいてくれた言葉は、「本当のことをかく」ということだけであった。

　結果としては、そういう意味で、現在、各方面で仕事をされている方々の本名もたくさん、出てくるのである。しかし、これらの人たちも、私と同じように、今までの日本の社会の中で、本当によいことをしてゆこうとして、デザイン界のために苦労してきたし、これからもなお、その上に苦労をかさねていく人たちなのだと思うのである。しかし、もちろん、その方たちの気持が十分いいあらわせていない個所が多々あると思うが、ゆるして頂きたいとお願いする。


（後略）

昭和三十一年十二月

桑沢洋子

(株)平凡社より刊行された、人間の記録双書『ふだん着のデザイナー』　当時の装丁。
表紙装丁　亀倉雄策

桑沢洋子　略年譜

明治四十三（一九一〇）年　〇歳　羅紗問屋を営む桑沢賢蔵・しま夫妻の五女として、東京市神田區東紺屋町拾八番地（現・千代田区岩本町二-二-六）に生まれる。

昭和三（一九二八）年　一八歳　女子美術学校（現・女子美術大学）師範科西洋画部に入学。

昭和八（一九三三）年　二三歳　建築家・川喜田煉七郎の主宰する新建築工藝学院に入学。そのバウハウス流教育により、近代デザインを知る。同年より川喜田の紹介で月刊誌「住宅」の編集に参加。

昭和九（一九三四）年　二四歳　写真家・田村茂と結婚。

昭和十二（一九三七）年　二七歳　前年より参加していた「婦人畫報」の編集が機縁となり、発行元の東京社に入社する。以降同誌で、服飾デザイン関連の企画を担当。

昭和十七（一九四二）年　三二歳　東京社を退社し、銀座に桑沢服飾工房（一九四四年閉鎖）を開設して、服飾デザイナーとしての第一歩を記す。

昭和二十(一九四五)年　三五歳　秋より「婦人画報」誌を皮切りに服飾デザインについての執筆活動を再開。

昭和二十三(一九四八)年　三八歳　服飾デザイナーの職能団体である日本デザイナークラブに結成メンバーとして参加。多摩川洋裁学院長に就任。以降、母校女子美術短期大学などの講師を歴任。

昭和二十六(一九五一)年　四一歳　田村茂と離婚。

昭和二十九(一九五四)年　四四歳　近代デザイン教育の確立を目指し、桑沢デザイン研究所を設立。

昭和三十(一九五五)年　四五歳　有限会社桑沢デザイン工房設立(一九七二年解散)。

昭和三十二(一九五七)年　四七歳　学校法人桑沢学園を設立し、理事長に就任。

昭和三十三(一九五八)年　四八歳　第三回ファッション・エディターズ・クラブ賞受賞。

昭和四十一(一九六六)年　五六歳　東京造形大学を開学し、学長に就任。

昭和四十八(一九七三)年　六三歳　東京造形大学学長を辞任。十一月、藍綬褒章受賞。

昭和四十九(一九七四)年　六四歳　学校法人桑沢学園理事長、桑沢デザイン研究所所長を辞任。桑沢学園長となる。

昭和五十二(一九七七)年　四月十二日永眠。享年六十六歳。

本書は、昭和三十二(一九五七)年、株式会社平凡社より刊行された、人間の記録双書『ふだん着のデザイナー』に若干の訂正を加え復刻致しました。

桑沢文庫 1

ふだん着のデザイナー

2004年 3 月30日　第一版第一刷発行

著者　桑沢洋子

編集　桑沢文庫出版委員会

デザイン　浅葉克己
間宮伊吹（浅葉克己デザイン室）

発行者　小田一幸

発行所　学校法人桑沢学園
〒192-0992 東京都八王子市宇津貫町1556
Telephone 0426-37-8111　Facsimile 0426-37-8110

発売元　株式会社そしえて
〒102-0072 東京都千代田区飯田橋4-8-6日産ビル
Telephone 03-3234-3102　Facsimile 03-3234-3103

印刷・製本　東京書籍印刷　株式会社
© KUWASAWAGAKUEN　2004 Printed in Japan
ISBN-4-88169-160-0 C3370

落丁・乱丁はお取り替えいたします。
本書の無断複写・複製・転載を禁じます。
＊定価はカバーに表示してあります。